나는 두 개는 살 수 없는
세상에 단 하나뿐인 사람

형광등이 되어
소조를 밝히는
존재가 되고 싶다.

내가 무엇을 사랑하는지 찾는 행위야말로
더 나은 내가 되는 방법

누구에게나 고통은 존재한다고 느낍니다.
내 마음에만 갇혀있을 때,
가장 위험하다는 걸 깨닫습니다

나를 나답게 지켜낼 권리

끊임없이 꿈꾸는 사람에게
틈이 나는 건 불가피한 일.

엄마 사랑해요

그저 적당히 대충 행복합니다.

제 달리기 실력은 그대로입니다.
앞서 가는 사람을 따라 뛰고
뒤돌아보지 않으려 합니다.

나 자신을 알아가는 것은 지금도 늘려앉았다.

조금 덜 아프고 가끔 힘들길

그의 아픔을 겪어가며 깨닫는다.
산다는 건 흑백으로 결정할 수 없는 문제가
철썩 않다는 것을

작은 공간에 나 하나,

인생은 후회를 관리하는 게임이기에,
이 선택과 결정에
후회를 남기지 않도록
최선을 다 해보려고요.

진짜 자유는 시간과 공간을 자유롭게 쓸 수 있는 환경이 아니라
어떤 환경 속에서도 잘 살아내려는 태도

적당히 안주하고
온전히 나를 위해 살 수 있는 삶

'나'를 잘 아는 게
가장 어려운 일

나를 싫어하는 사람이
되고 싶지 않아요.

사랑으로 마침표 찍을 줄 아는
너를 사랑한다

사랑의 실체는 '불완전함'

제 속도가
이정표는 확인할 수 있는 속도이길

영원 한 것은 아무 것도 없다.
영원하지 않기에 소중하다.

당신이 보고싶으면   마음속 대화를 시작할게요.

내가 나를 응원하는 힘이 남아있구나.

일러두기
실제 기록물에 담긴 정서를 살리기 위해 원본을 그대로 실었습니다.
가독성을 높이고자 일부 기록물에는 스크립트를 덧붙였습니다.
그 과정에서 수정을 최소화해 어법에 맞지 않는 문장, 반복되는 표현
등이 있음을 양해해주시기 바랍니다.

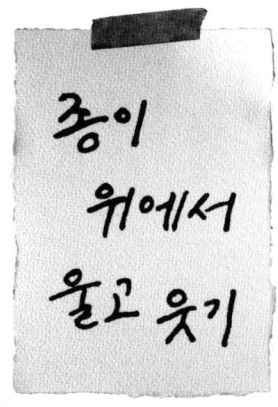

한 번은 꺼내고 싶은 내 안의 이야기
송예원 지음

Prologue.

**오래도록
혼자 쓰던
사람은**

이 책은 그저 종이 위에 뭔가를 끄적이기 좋아하던 한 사람이
혼자 쓰기엔 참을 수 없이 외로워서 함께 쓰는 공간을 만들고
그곳에서 만나게 된 많은 이야기를 담은 것입니다.

한번 해보고 싶다는 진심 하나만으로 시작한 '라이팅룸'.
처음엔 기대와 달리 아무도 찾아오지 않았습니다.

'아, 이렇게 망하는 거구나.'
밤마다 엄습해오는 불안에 몸을 맡기다가도
마음 한구석에서 작게 들려오는 소리가 있었습니다.

라이팅룸은 나에게도 필요하지만
이 힘겨운 시대를 사는 사람들에게 꼭 필요하다는 생각이요.

타인과 비교하며 끝없이 부족한 기분을 느끼게 하는 사회입니다.
내가 가진 것들을 보잘것없다 여기게 만들죠.

이러한 세상의 소음이 커질수록
내 안으로 들어가 나만의 이야기를 사랑해줄 시간이
우리 모두에게 필요하다고 믿습니다.

당신이 내어준 이야기로
덥석
책을 쓰고 있습니다.

처음에는 라이팅룸에 쌓인 수백 장의 글을 엮어 책을 내면 좋겠다는 단순한 생각이었습니다.
어려울 게 하나도 없을 줄 알았습니다.

한 장씩 글을 읽다 보니 우리는 각자 참 다양한 삶을 겪고 있더라고요.
이별과 상실, 기쁨과 성취, 실패와 좌절이라는 제목 아래 같은 내용의 글은 한 개도 없었습니다.

즐겁기만 할 줄 알았는데,
이 많은 사람들의 진심 위에 나의 이야기를 얹어도 괜찮을까 하는 회의가 들었습니다.
'내가 뭐라고 얹을 말이 있을까.'
잘해야 한다는 부담감에 자주 멈췄고, 쉽게 도망쳤습니다.

글을 읽기만 할 때는 몰랐는데
곳곳에 제 이야기를 쓰다 보니 조금씩 알게 되었습니다.
글은 잘 쓰고 못 쓰는 게 중요하지 않다는 것을,
세상에 하나뿐인 나만의 이야기를 솔직하게 쓰려는 용기가 전부라는 것을요.

많은 분들이 먼저 용기를 내주신 덕분에
저도 스스로를 마주보고 다시금 나만의 이야기를 쓸 수 있게 되었습니다.
감사합니다.

우리가 오래도록 함께
종이 위에서 울고 웃을 수 있기를 꿈꿔봅니다.

차례.

Prologue. 오래도록 혼자 쓰던 사람은   4
당신이 내어준 이야기로 덥석 책을 쓰고 있습니다.   6
라이팅룸 기획노트. 왜 오직 쓰기만을 위한 공간은 없을까?   10

1장. 종이에 비친 내 모습   24
  └ 예원의 이야기 **창피해도 솔직하게**   62

2장. 우리가 함께 나눈 이야기   72
  └ 예원의 이야기 **내 안의 좋은 것들은 모두 남을 통해 나온다.**   94

3장. 각자의 도시 생활   102
  └ 예원의 이야기 **빠름 끝에 뭐가 있길래**   136

4장. 편지는 종이 위에 마음을 그리는 일   144
    └ 예원의 이야기 **살아 있다고 느껴지는 날에는 꼭 편지를 쓰자.**   170

5장. 사랑이라는 계절   176
    └ 예원의 이야기 **사랑이란 마침표를 찍기 전까지 답을 내릴 수 없는 것**   204

6장. 써야만 흘러가는 것들   210
    └ 예원의 이야기 **어깨를 툭 떨구고 말한다. '뭐 어쩌겠어.'**   238

7장. 저마다의 속도로 살아가기를   246
    └ 예원의 이야기 **자주 멈춰 서는 사람**   276

8장. 시간에 기대어 기록하기   282
    └ 예원의 이야기 **마음을 리셋하는 날**   304

Epilogue. **세상의 소음이 당신의 마음을 뒤흔들 때**   310

라이팅룸 기획노트.

왜 오직 쓰기만을 위한 공간은 없을까?

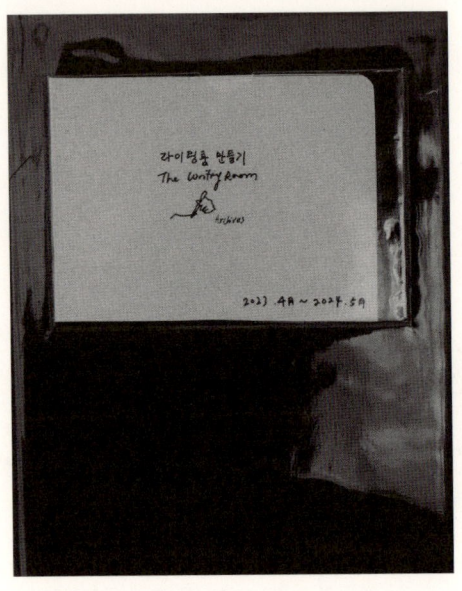

유독 기록에 몰입하기 좋은 공간이 있습니다.
하지만 막상 가려고 하면 은근히 찾기가 어려워 매번 멀리 떠나야 했죠.
글만 쓸 수 있는 카페나 공간이 가까이 있었으면 하는 마음이 들었습니다.

쓰는 행위 자체를 사랑하는 저이기에
다른 이들의 쓰는 모습을 보면서 살면 행복할 거라 믿었어요.
내가 만든 공간 안에서 그런 움직임이 일어나길 바랐습니다.

오랜 시간 일기를 쓰면서
가장 나다운 내 모습을 마주한 경험이 있기에,
자신에 대해 잘 모르거나 스스로를 있는 그대로 사랑하지 못하는 사람들이
기록에 몰입할 수 있는 공간을 상상했습니다.
그렇게 라이팅룸이 탄생했어요.

공간을 꾸미며 끄적인 기록들을 모아 기획노트도 만들었습니다.
이곳을 오간 이들의 이야기를 전하기에 앞서,
기획노트를 통해 제 고군분투의 과정을 전해봅니다.

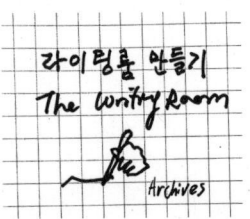

라이팅룸을 왜 하고 싶은데?

· 내가 생각하는 '낭만적인 삶'의 모습을 공간에 담아보고 싶다.
· 쓰는 공간을 마련하여, 쓰는 경험을 제공하고,
  기록에 몰입하게 하고 싶다.
· 쓰면서 가장 나다운 모습을 만날 수 있다고 생각한다.
  대단한 삶의 변화는 아니더라도
  나로서 분명해지는 경험을 건네고 싶다.
· 자신에 대해 잘 모르는 사람들이나
  스스로를 있는 그대로 사랑하지 못하는 사람들에게
  잔잔한 위안이 되길 바란다.

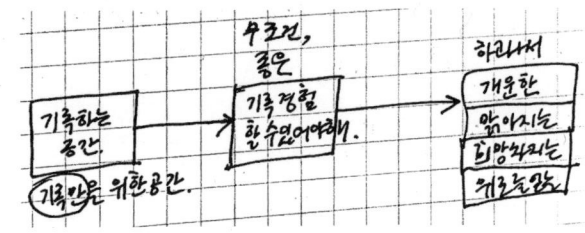

행동하기 전에 복잡한 생각을 꼭 한 번 진지하게 적어보고 싶었다.
스스로에게 확신을 얻으려면 솔직하게 묻고 답하는 방법밖에 없는 것 같다.
덕분에 막연함이 설렘으로 바뀌는 과정이 기록으로 남았다.

다른 데랑 뭐가 다르다고 생각하는데?

· 카페가 아니고서야 기록을 위해 떡하니 내주는 공간이 생각보다 많지 않아 항상 아쉽다.
· 기록을 사랑하는 사람들이 갈 만한 곳? 생각 안 남.
· 서울 곳곳에 전시나 편집숍은 많지만(볼거리), 쓰는 행위에 집중한 공간은 별로 없다(쓸거리+읽을거리).

[오고 싶어지는 공간] · 재미 / 즐길거리 / 읽을거리
　　　　　　　　　　　　 － 고민노트
　　　　　　　　　　　　 － 뽑기 (친김 추례·키워드)
　　　　　　　　　　· 섬세, 친절한 응대
　　　　　　　　　　　　 － 집보관
　　　　　　　　　　　　 － 도슨트
　　　　　　　　　　　　 － 안내지
　　　　　　　　　　· 브랜딩 － 기준 정하고 쭉 지킬 것.

챙길 게 늘어날수록 정말 중요한 것들을 까먹는다.
그럴 때마다 마음에 되새기는 것들.

1. 핫플이 되지 말자. 어설프고 느리게 변하더라도 유행에 휩쓸리지 않는 공간을 만들자.
2. 살아 있는 공간은 고민하고 변화하는 공간이다.
3. 겉으로 너무 잘 보이려고 하지 말자. 촌스럽고 덜 세련되더라도 오랫동안 유지되도록!

먼저 이곳의 풍경을 구체적으로 상상해보자

· 대화는 최소한으로. 소음 적을 것.
· 방해받지 않도록 핸드폰은 서랍에 격리.
· 혼자 오면 더 의미 있는 곳.

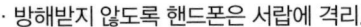

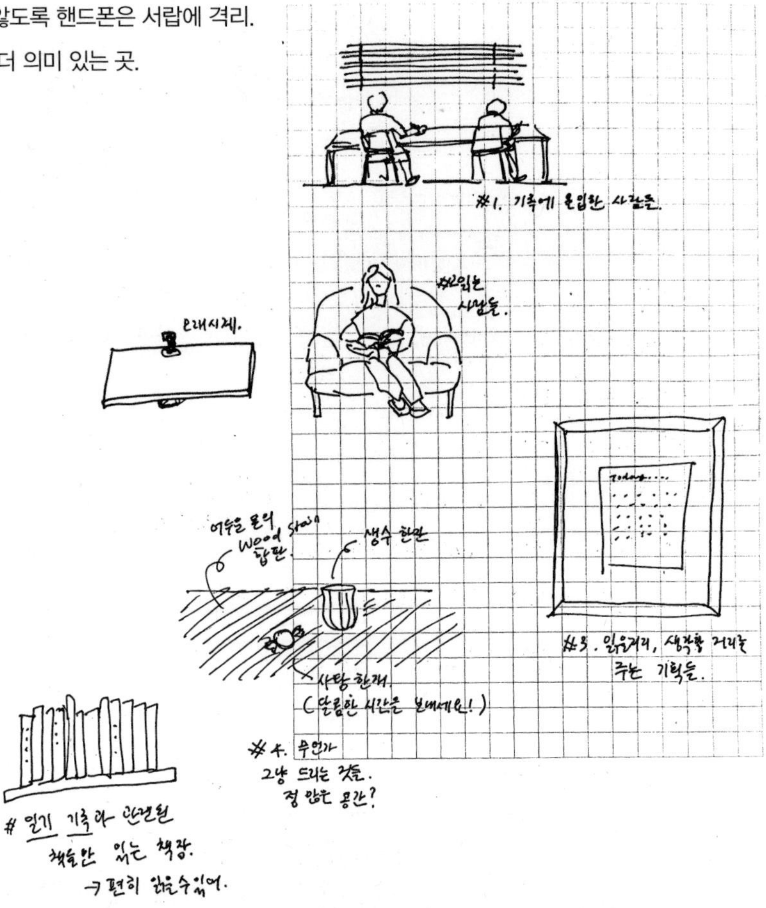

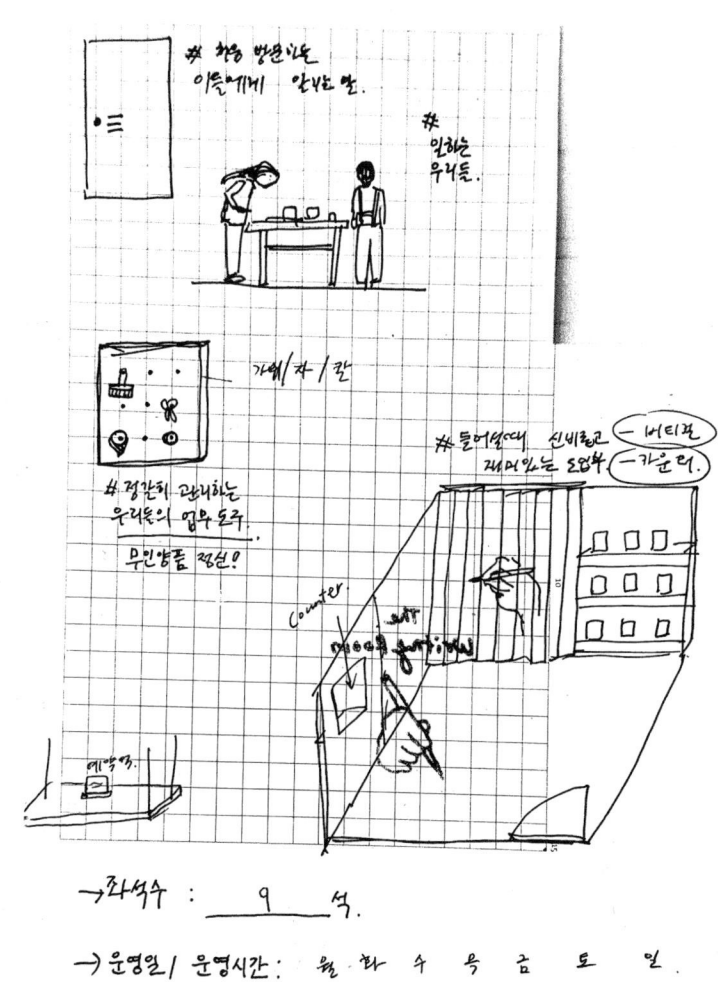

→ 좌석수 : ___9___ 석.

→ 운영일/ 운영시간 : 월 화 수 목 금 토 일.

예약제 운영

Self Checklist_내적 요소

○ 어두운 느낌이 나서 마음이 차분해지는 분위기

○ 부담없이 쓰여지는 공간 — 필기구, 종이 구비
                           — 용감으면 마음껏 쓸수있기.

○ 위로받는 공간

○ 자연스럽게 사색하는 공간

○ 여럿이 모여 각자 쓰는 공간

○ 여러 사람들의 기록이 공존하고 '연결'되는 공간

○ 일상에서 벗어나보는 경험

○ 뭔가 매력이 느껴지는 공간

○ 시간을 사치스럽게 쓰는 느린공간 — #비효율

○ 혼자만의 의미가 있는듯!! 일기는 혼자, 스스로.

○ 직원들도 같이 쓰고 읽고있는 풍경.

○ 기록에만 몰입할 수 있는 공간

포기할 수 없는것.
→ 음악.
→ 책꽂이, 엽서.
→ 조명 ♡♡

Self Checklist_외적 요소

☑ 음악 ‥‥→ 대부분 가사 없는 곡들로 구성.

☑ 채양 → 직사광 받아가도 블라인드 내려서 조절하게 가능.

☑ 라장쓰 - 전구교체, 주원호식

☑ 향기

☑ 웰컴티 제공 + 작은 간식이 있으면 좋겠다.

☐ 전원 터부간판

☑ 입간판 ~~→ 큰취로 액자 만들기 / 디이어리 전시 / 마크로?

☑ 공간분리, 가벽 - 버티컬 / 흥미로운 공간 도입부. / 고고 고려기.

☑ 1인 좌석 예약제 - 공간 운영의 점유 → 예약시스템세팅
~ 적당히 연 좌석간격. 잘보기.

☑ 도서구비 - 기록이나 글쓰기에 관한 책들, 추후 판매까지…?

☑ 필기구, 종이 구비 - 만년필, 고급필기류까지 가져놓을수 있으면 좋겠다.

☑ 스마트폰 사용 금지 - 매자리아다!

손으로 안내하는 공간

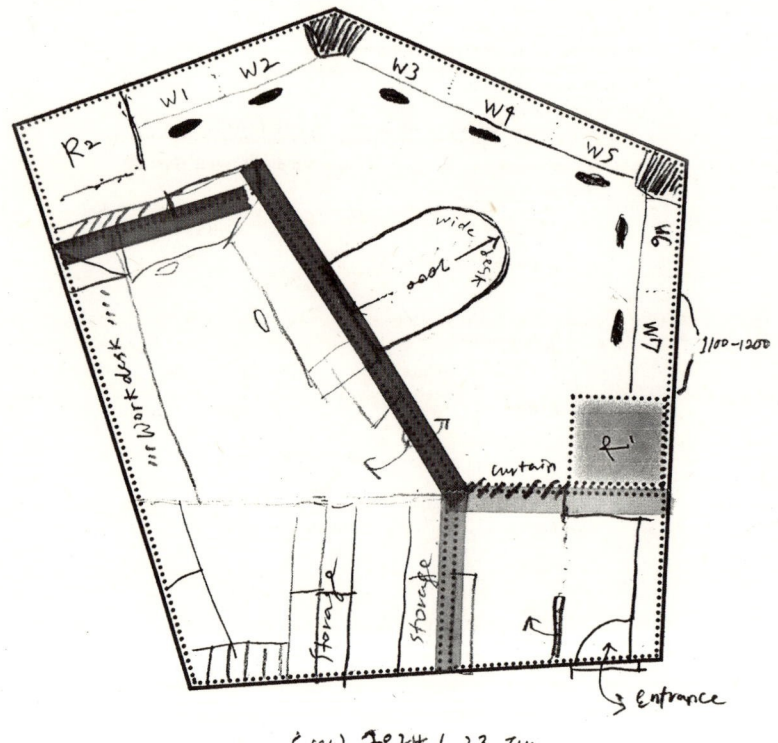

사무실을 계약한 날, 텅 빈 오각형 공간에 한참을 멍하니 앉아 있던 기억이 난다.
창가를 따라 책상을 배치하기로 하고, 사람들이 둘러앉아 쓰는 풍경을 상상해낸 순간
나머지 것들은 퍼즐처럼 제자리를 찾았다.

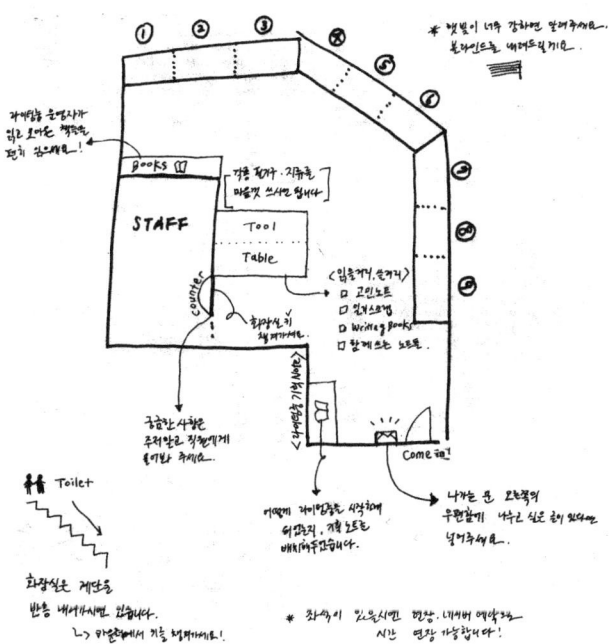

이용 방법을 글과 그림으로 보여주는 안내지를 만들었다.
수정 사항이 있을 때마다 지금도 꾸준히 업데이트를 한다.

라이팅룸 로고 만들기

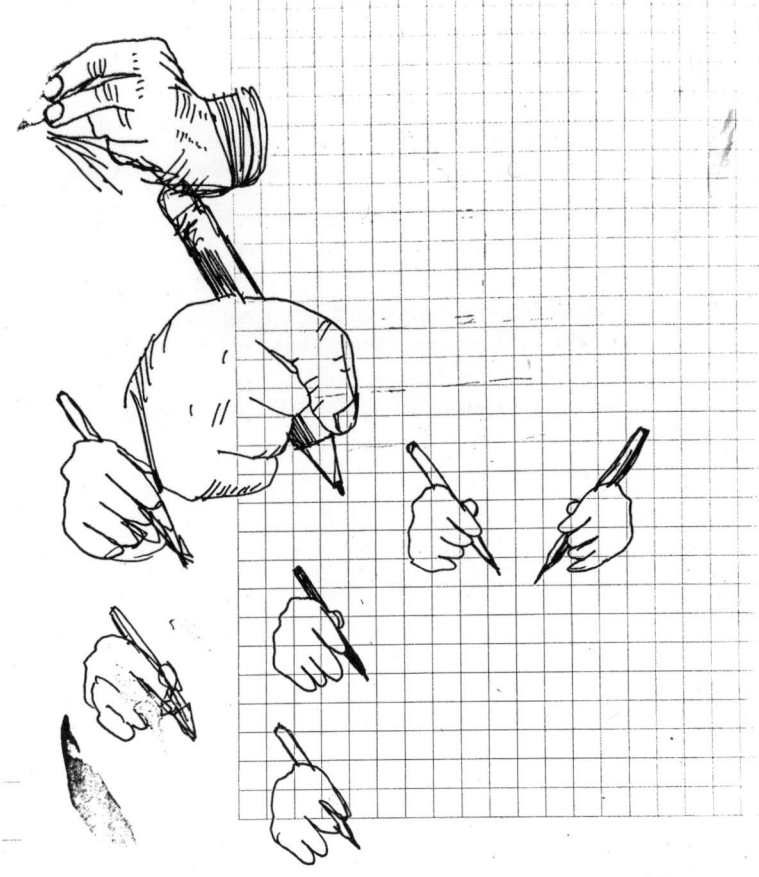

라이팅룸 창문에 비친 내 손을 따라 그린 로고.

마침내,
쓰러 올 사람을 맞이할 시간

안녕하세요 봄,
쓰면서 스스로를 만나는 공간 라이팅룸께 오신것을 환영합니다.
오래 전부터 뭔가를 적는 사람들의 모습을 생각해왔습니다.
흔들리는 버스에서 작은 수첩을 꺼내 적는 할머니,
카페에 앉아 종이에 밑줄을 쫙쫙 긋으며 글을 쓰는 사람…
그런 모습들이 제겐 단순히 낭만적으로 보여서요.
터치만으로 쉽게 글을 쓰는 요즘이지만, 종이 펜을 들기 지쳐지지 않는
나만의 흔적을 남기는 것.
거울처럼 아무도 비추는 종이 앞에서 여는 모습은 단순히 충전하고 싶습니다.
오늘 이곳에서의 시간이 널리 기억에 오래 남아
앞으로의 날들에 따뜻한 영감이 되기를 바랍니다.

Welcome to the writeroom, where you listen to yourself.

※ 나누고 싶은 글은 쓰신다면
우편함에 넣어주세요 :)
♥추려진 글로 추후 나이팅룸의 컨텐츠로 활용될 수 있습니다.

방문자의 이름을 적은 편지봉투를 좌석에 미리 준비해두자.

최대한 많은 것을 글로 전할 수 있는 방법을 고민하자.

Welcome to the writing room, where you listen to yourself.

당신의 이야기에 몰입하는 곳, 라이팅룸에 오신 것을 환영합니다.

THE
WRITING ROOM

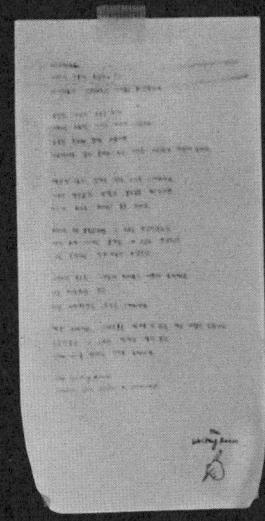

1장. 종이에 비친 내 모습

종이가 거울 같다는 생각을 한 적 있다.
보이지 않는 내 마음의 실체를 볼 수 있는 유일한 도구.
뭐라도 쓰다 보면 내 영혼의 형태가 보이는 듯하다.

오랫동안 쓰지 않고 살면
내가 어떤 사람인지 희미해진다.
내 얼굴은 하루에 수십 번씩 보면서,
내 마음을 들여다보는 건 게으리한다.

나를 조금 더 잘 알아야 한다.
날 비추는 빈 종이 앞에 나를 더 자주 데려가야 한다.

뭐라도 쓰면 정말 나를 찾을 수 있을까?
그리고 그 모습을 있는 그대로 사랑해줄 수 있을까?

나.

유행을 좀 덜 좋아하고
따라하는 것을 즐기지 않는
나의 색깔을 찾으며 매순간을 사는.

언더음악을 좋아하고
매일 듣던 노래만 듣는,
평소 가던 곳, 먹던 것,
익숙한 것들을 좋아하는.

그러나 도전을 좋아하며, 성장하는 것에 행복한.

돈 절약에는 조금 서툴지만
마음을 표현하는 것에 있어서는 아끼지 않으려는.

내 곁에 있는 사람들에게 감사할 줄 아는.
그런 마음으로 또 하루를 더 잘 살아야겠다고 다짐하는.

그런 사람.

2024. 11. 05

자신의 단점은 짤막히 품고
장점은 더 길게 적을 수 있는 단단한 사람.

취향이 뚜렷한 사람은 매력적이다

나는 사진촬영을 좋아한다
나는 인디, 얼터너티브 장르의 음악을 좋아한다.
나는 목적지 없이 걸어다니는 것을 좋아한다.
나는 친구들과 자신의 가치관에 대해 이야기하는 것을 좋아한다
나는 모든 일에 최선을 다 하는 것을 좋아한다.
나는 내가 듣는 음악을 플리로 만들어 공유하는 것을 좋아한다.
나는 강아지, 고양이를 좋아한다.
나는 어려움에 처한 사람을 돕는 걸 좋아한다.
나는 치킨, 떡볶이, 삼겹살을 좋아한다.
나는 그 해 우리는(드라마)을 좋아한다.
나는 김다미 배우님을 좋아한다
나는 '그럴수없어' 보다 '그럴수도있지' 라고 하는 사람을 좋아한다
나는 자신만의 세계가 뚜렷한 사람을 좋아한다.
나는 그래서 매력적이다.
너도 매력적인 사람인가?
2023. 09. 27 AM 5:59 나가기 1분 전에 쓴 취향

취향이 뚜렷한 사람은 매력적이다.

나는 그래서 매력적이다.
너도 매력적인 사람인가?

이십몇년을 살아오면서 최근에서야 나는 나를 정말 모르고 있구나 깨닫게 되고 있어요. 한번도 내가 좋아하는 것이 무엇들인지 고민해본 적도 없고, 나는 어떤 사람을 부러워 하는지, 어떤 삶고 또 어떤 사람이 되고 싶지 않은지 고민해볼 적도 없는 것 같아요. 며칠 전부터 공책 하나에다 그런 것들의 목록을 쭉 적어 내려가 보고 오늘 한번 더 와서 온전히 나와의 시간을 보내보고 싶었던 이 공간에서 2시간동안 내가 되고 싶은 사람, 부러워 하는 사람은 어떤 사람인지, 되고 싶지 않은 사람은 어떤 사람인지 곰곰이 고민하며 적어 내려가는데 내가 되고 싶은 사람보다 되고 싶지 않은 사람을 적는 것이 더 쉬웠고, 살고 싶은거가 더 명확해지더라구요. 그것들만 지켜도 나는 나은 사람이 될 수 있겠다는 생각을 하다가 아, 내가 되고 싶지 않은 사람에 대한 설명들이 나를 가리키고 있다는 것을 알게 되었어요. 나는 그동안 나의 꽤 많은 어떤 모습들을 싫어하고 있었구나 싶은 생각이 들면서 조금씩 고쳐나가봐야 마음을 다잡게 되었어요.

저는 앞으로 저를 잘 아는 사람, 내 안의 목소리에 귀를 잘 기울이고 올바른 방향으로 나를 잘 이끌어가는 사람이 되고 싶어요. 나에 대한 확신을 갖고 옮기어 하고 싶은 것들을 주저없이 도전하고 싶어요. 나를 싫어하는 사람이 되고 싶지 않아요. 오늘 이 두 시간이 끝나고도 저는 나를 알아가는 시간들을 계속 가질 거예요. 이곳에 다시 방문해서든, 아님 내 책상에서든. 1년 뒤면 나는 내가 제일 잘 알지! 하고 자신있게 말할 수 있는 사람이 된다면 좋겠어요. 그래서 하고 싶은 일을 주저없이 해내고 있는 사람이었으면 좋겠어요.

2024. 11. 29 (금) YJ

나를 알아가는 방법.

사랑이 되고 그래서 있어요. 약 또 내가 섬기까지도
내가 어떤 사람으로

내가 부러워하는 사람은 어떤 사람인지,
또 내가 되고 싶지 않은 사람은 어떤 사람인지.

나를 싫어하는 사람이 *되고 싶지 않아요.*

종이에 비친 내 모습

나를 알아가는 방법

이십몇 년을 살아오면서 최근에서야 나는 나를 정말 모르고 있구나 깨닫고 있어요. 한 번도 내가 좋아하는 것이 무엇인지 고민해본 적 없고. 나는 어떤 사람을 부러워하는지, 어떤 사람이 되고 싶고 또 어떤 사람이 되고 싶지 않은지 고민해본 적도 없는 것 같아요. 이런 것들에 대해 골똘히 고민하며 적어 내려가는데 신기하게도 내가 되고 싶은 사람보다 되고 싶지 않은 사람을 적는 것이 더 쉽더라고요. '아, 내가 되고 싶지 않은 사람에 대한 설명들이 나를 가리키고 있다'는 것을 알게 되었어요. '나는 그동안 나의 꽤 많은 어떤 모습들을 싫어하고 있었구나' 싶은 생각이 들면서 조금씩 고쳐나가 보자 마음을 다잡게 되었어요.

앞으로 내 안의 목소리에 귀를 잘 기울이고 올바른 방향으로 나를 잘 이끌어가는 사람이 되고 싶어요. 나를 싫어하는 사람이 되고 싶지 않아요. 1년 뒤에 "나는 내가 제일 잘 알지!" 하고 자신 있게 말할 수 있는 사람이 된다면 좋겠어요. 그래서 하고 싶은 일을 주저 없이 해내는 사람이었으면 좋겠어요.

10월의 나

시절의 나는 장기간 나의 무의식에 숨어있던 생각들을 서로 이끌고 세상 밖으로 꺼내주었다. 자그마치 5년 만의 변화다. 20살의 나는 '성실, 배려'를 중심으로 발전하고자 했다. 25살 10월의 나는 '끈기, 수용'을 중심으로 나아가고자 한다. 사고체계, 프레임의 변화다. 비로소 답이 찾을 수 있게 준 방향성을 설정했던 20살의 나와 지난 시간의 나에 감사하다. 30살의 나도 지금의 나를 대견하게 바라봐주길...

11월의 나

이십대 중반이 되자 '조금만 더'가 힘들다. 체력적으로도 정신적으로도 힘이 부족하다는걸 여실히 체감한다. 10월의 나는 이를 모면해 방향성은 성적향상에서 끼리 구제나 혹은 변화였다. 시작병이 많음 11월의 나는 이를 신중하게 가서 '조금만 더' 그릴것이다. 운동지 꾸준히 나가고, 과제는 조금만 더 미리, 면역은 조금만 더 보축할 것이다. 더해서 11월 맞은 수용을 배우기 위해 독서링 은 시작했다. 정신적 무료함과 굳어있는 마음을 한쪽 스트레칭 시켜주길 희망한다.

2024. 11. 02

내 마음의
구성요소

24. 11. 15.

내 마음의 구성요소..

　내 생각엔 열등감 같다. 아무래도, 내가 지금껏 살면서 이룬 것이 다 열등감으로 시작했던 일이다. 남보다 못하는 게 있으면 싫다고 생각했다. 그냥 남보다 내가 못하다는 것을 인정하지 못했다. 그래서 그냥 최고가 되려고만 했다. 어쩌면 그랬다. 남을 인정하는 것보다 내가 최고가 되는 게 더 쉽다. 그래서 내 마음이 시켜서 한 일들은 곧, 내 열등감이 시켜서 한 일이다. 내가 항상 생각하는 것은, 내 열등감이 나를 잡아 먹어버릴까봐 무섭다는 것이다. 언제나 최고가 될 순 없는데, 난 최고가 되고 싶어 하니까. 나의 진보 없이 남을 무시하게 될까봐 겁이 난다. 이번 책의 끝은 열등감에 대한 고민이다. 열등감을 갖고 건강하게 살아가는 방법에 대해서. 그리고 남을 인정하기 위해서.

"나의 진보 없이

남을 무시하게 될까 봐 겁이 난다."

내 마음의 구성 요소

내 생각엔 열등감 같다. 내가 지금껏 인생에서 이룬 것이 다 열등감으로 시작했던 일이다. 남보다 못하는 게 있으면 안 된다고 생각했다. 남보다 내가 못하다는 것을 인정하지 못했다. 그래서 그냥 최고가 되려고만 했다. 여전히 그렇다. 남을 인정하는 것보다 내가 최고가 되는 게 더 쉽다. 그래서 내 마음이 시켜서 한 일들은 곧 내 열등감이 시켜서 한 일이다. 항상 생각하는 것은, 내 열등감이 나를 잡아먹어버릴까 봐 무섭다는 것이다. 언제나 최고가 될 순 없는데, 난 최고가 되고 싶어 하니까. 나의 진보 없이 남을 무시하게 될까 봐 겁이 난다. 이번 해의 끝은 열등감에 대한 고민이다. 열등감을 갖고 건강하게 살아가는 방법에 대해서. 그리고 남을 인정하기 위해서.

좋아하는 물건은 두 개씩 사고야 마는,
콩을 먼저 먹어치우고 맛있는 반찬은 마지막까지 남겨두는,
이 순간을 포착해두려고 같은 장면을 30장씩이나 찍는,
분명 30장 중 3장만 남기려고 했는데 3장을 겨우 지우는,
책 모서리가 상하는 게 싫어 커버를 씌우고도 그 커버를 집어넣는
가방이 필요한 나는
이별을 어려워하는 사람인가보다.
그럼에도 불구하고 붙잡아둘수 없는 것들이 있다.
어떤 이별은 반드시 찾아오고야 만다.
세상에 단 하나뿐인
두 개는 살 수 없는 것들과의 이별 앞에서
단단해질 수 있는 사람이 되고 싶다.

B.

나는 두 개로 서둘 수 없는 세상에 단 하나뿐인 사람

나다운것

선하지만 약한 것

꼬리에 꼬리를 무는 생각

열심히 하는것 (뭐든.. 잘하고 싶으니까)

자려고 누워 숨죽여 우는 것

나답지 않은 것

억지웃음

어색하지 않은 척

겁먹지 않은 척

상처 받지 않은 척

'척'할 때 나답지 않다.

글을 쓰는 것은 나에게 큰 선물이다.

글은 모든 것이다.

메모, 일기, 낙서, 시, 오독.

기억력이 안좋아 메모해두는 습관이 있다.

4년간 쓴 일기를 흘러랑 잃어버렸을때는 떵떵울었다.

수업시간 몰래 하렴 낙서는 재밌었고.

한때는 가장 사랑하던 사람과 마주 앉아 시를 주고받고

초등학교 6학년때는 우리 반의 수필을 엮어 책을 냈더래지.

글은 추억 안에 생생히 살아움직이고, 누군가에게는

직업이고, 하루를 마무리하는 인사, 친구이다.

글은 그 사람을 잘 나타내는 수단이고 쓰면쓸수록

단단해진다. 우리 모두 살아갈 앞날에는 펜을 놓치말자.

죽고 싶은 날과 살고 싶은 날 모두.

글을 쓰는 것은 나에게 큰 선물이다.

글은 모든 것이다.

메모, 일기, 낙서, 시, 모두.

기억력이 안좋아 메모해두는 습관이 있다.

9년간 쓴 일기를 홀라당 잃어버렸을때는 덩덩거렸다.

수업시간 몰래 하던 낙서는 재밌었고

한때는 가장 사랑하던 사람과 마주 앉아 쓰며 사는줄 알았고

초등학교 6학년때는 우리반의 수필을 엮어 책을 냈더라지.

글은 종이 안에 생생히 살아움직이고, 누군가에게는

걱정이고, 하루를 마무리하는 일이자, 친구이다.

글은 그 사랑을 잘 나타내는 수단이고, 쓰면 쓸수록

단단해진다. 우리 모두 살아갈 앞 날에는 펜을 놓지말자.

죽고 싶은 날과 살고 싶은 날 모두.

3년, 짧게는 2년간 길게는 6시간씩 빼곡 글을 써왔다. 매일을.
'창작'이라는 단어 하나를 보기 위해 쉼없이 글을 써왔다. 매일을.

아두컸다. 주어진 단어를 뒤로 하고 흐리흐게 내뱉었으나 걸으면 걸을수록
가볍지 않았던 길이기에, 정답이 없던 길이기에 끝이 보이지 않았다.
외로웠다. 새벽을 열고 독서실에 들락거리며 새벽을 닫을 때까지 말 붙여서
나눌 상대가 없었다.
공허했다. 처음 강렬하게 타오르던 열정이란 불꽃은 시간이 흐를수록 사그라들어
가슴 속 그 언저리에 공허함이 대신했다.
두려웠다. 실패는 생각보다 아팠다. 쌓여가는 불확실했던 상처가 깊어질수록
내가 내 자신을 의심하게 되어 너무 두려웠다.
미안했다. 나를 믿어주고 응원해주는 가족, 친구들, 연인. 받은만큼 돌려줄 수
없는 현실에 죄를 짓는 것만 같았다.

내일이면 될까 나올까. 누군가에겐 평생 얻을 수 없는 결실일지 하루가,
다른 누군가에겐 해결될 수 없는 인물의 진만을 하루가 찾아왔다.
후련하다. 후회없이 달려왔기에 아쉬움은 없다. 지난 3년간이 기억 속에서 유영하나보니
공허함 느껴진다. 누가 이 글을 읽게 된다면, 당신이 마주한 자리에 있는 사람이라면,
온 힘을 다해 응원한다. 끝이 없는 터널은 없다고 말해주고 싶다.

오롯이 나의 이야기를 써본 게 오마만에.

- 24. 10. 29
6기 변리사를 꿈꾸며.

아득했다.

외로웠다.

공허했다.

두려웠다.

미안했다.

후련했다.

끝이 없는 터널은 없다고

말해주고 싶다.

자신 있는 것

상대방이 좋아할만한 만나, 말투.
상대방이 편하다느끼는 환경을 만들어주는것.
상대방이 듣고싶은 말과 행동.
상대방이 하고싶은걸 알고 해주기.

자신 없는것

내가 좋아하는 나를 위한 말투

나빠 편하다 느끼는 환경을 만들어 주는것.

내가 툴고 싶은 말과 행동을 듣는것.

내가 하고싶는걸 내가 하게 해주는것.

왜 항상
나를 위해주는 건
힘들까.

잊은 것

1. 진심으로 웃는 방법.
2. 슬플 때 우는 방법.
3. 내 얘기 하는 방법.
4. 내가 하고 싶은 것.
5. 고요함을 즐기는 방법.
6. 사람에게 상처받지 않는 법.
7. 내 감정.
8. 내게 소중한 사람들.
9. 부정적인 감정들 털어내는 법.
10. '나'

살아오면서 '나'라는 존재를 잊은 것 같다.
누군가에게 맞추고, 배려해주고, 내가 아닌 타인에게
더 신경쓰며 살아가기 때문인 것 같다.
아직도 난 타인을 위해 살아간다. '나'를 무시한 채.
'나'를 잊은 채. 이제라도 찾아보려고 한다. 항상
듣는 말 처럼 아직 늦지 않았다.

영원한 것

내가 생각했을 때, 영원 한 것은 아무 것도 없다.
가족도, 친구도, 물건도, 시간도, 돈도.
사람은 언젠간 곁을 떠나고, 물건은 고장나면
버리고, 시간은 지나가면 끝이고, 돈은 있다가도 없고,
없다가도 있다. '나' 자신도 죽으면 자연으로 돌아간다.
이렇게 영원하지 않기에 소중하다. 그리고 이 소중함은
기억이다. 경험이다. 추억이다.
영원한 것은 없으니 최대한 기억하고, 경험하고, 추억
하며 하루하루를 살아가야 한다.
영원할거라는 착각으로 아둥바둥 애써 지키려고 말아라.
'나'를 좀 먹어 가게 냅두지 말아라. 흐르듯이 두자.
결국 영원하지 않은 것을 모아보면 '나'라는 존재가 된다.

모든 게
영원하지 않다는 것을

잊지 않기.

영원한 것은 아무 것도 없다.

영원하지 않기에 소중하다.

최대한 기억하고, 경험하고, 추억하며 하루하루를 살아가야 한다.

배울것 (깨달은것들)

생각보다, 종이와 펜이 가진 힘이 크다는 것.

걱정은 하면 할수록 깊어지고 여러 갈래로 나뉘어진다는 것.

일은 하면 할수록 많아진다는 것.

대리가 되었을 때, 생각보다, 아니 그이상으로 일이 많아진다는 것

개인주의 보다는 다른 이들과 함께 해올 때 더욱 효과가 부등하다는 것

사람을 싫어하면 오히려 나만 괴로워진다는 것

좋아하는 걸 다른이들에게 어필하는게 생각보다 부끄럽다는 것

다른 애들 보다 빠른 속도로 성장하기란 아직 힘들다는것.

내가 생각보다 끈기가 없다는 것.

한번 멈추면 다시 시동걸기가 꽤나 힘들다는 것

노력하면 언젠가는 이루어진다는 것

생각보다 사회는 차고, 나는 많이 부족하다는 것.

하다보면 무엇하나는 얻을 수 있다는 것.

생각하는 것보다 하는 것이 값어치 있다는 것.

쳇바퀴 같은 하루하루를 보내며

맴돌고 있는 듯한 내게 건네는 응원.

깨달은 것 (삶으로)

하나씩 차근히 풀어나가면 해결되지 않는 문제는 없다는 것.

힘들 땐 잠시 뒤돌아볼 필요가 있다는 것.

뒤돌아본 뒤 내가 잘못 한 것은 무엇인지 곱씹어 보면 그 해답(혹은 힌트)

알게 된다는 것.

아무것도 이룬게 없는 것 같아도 꽤나 의미 있는 일을 해왔다는 것.

지금 당장 아무 성취감이 없다고 느껴져도 절대로 그렇지 않다는 것.

나는 꽤나 멋진 사람이라는 것.

많은 이들의 칭찬을 모두 받아들일 줄 아는 마음을 배워야 한다는 것.

너무 자책도 하지말 것. (우리는 적당히!)

하루하루가 챗바퀴 같아도 그 끝에 맞는 것은 옳은 것이라는 것.

그 마음 속에서 작은 기쁨을 찾기위해 노력해볼 것.

생각은 온전 마음먹기 나름이라는 것.

슬플 때는 그냥안정하고 엉엉 울어볼 것.

비가 내려도 우울해하지 말 것, 곧 그럴테니.

- 24.09.16 18:54 / 갑자기 쏟아지는 비를 보며 -

생각하는 것보다 나는 잘해내고 있다는 것.

사실 나는 완전 알라쇼운 사람 따라쟁이다. 다른 사람이 가진 성격이나 생각이 좋아보이면 따라하고 싶어진다. 그러니까 친한언니의 자상함도 닮고 싶고, 옆에 앉아 있는 지민이의 낙천함도 닮고 싶다. 빌라 논나의 물건을 소중히 다루는 마음씨도 닮고 싶고 지원이의 쾌활함도 닮고 싶다. 엄마의 헌신적인 모성애도 닮고 싶고 우리 아빠의 뱉은 말은 무조건 지키는 굳건한 책임감도 닮고 싶다. 이렇게 당신들이 가진 장점 하나하나를 동경하고 닮으려고 하다 보면 지혜로움에 가까워지지 않을까? 조금 덜 아쉬운 선택들을 하게 되고, 주변 사람을 챙기고 나를 사랑하고 하루를 잘 보내지 않을까?

당신은 어디서나 배울 점을 찾는 사람.

24.04.13. SAT

내가 가장
싫어하는 것

저는 제가 만든 높은 울타리를 넘는 걸 정말 싫어해요.

내가 만든 울타리 너무 작고 소중해서 정말 열심히 돌보고 있거든요. 그런데

이 울타리를 맘대로 넘어오려거나, 이미 이 울타리를 다 보고 온 것처럼 지루감작하는

사람들을 싫어해요. 물론 그 사람들에게 그런 제 마음을 티 내지는 않습니다. 혼자 또 더

튼튼한 울타리를 쌓고 있을 뿐이지요. 가끔은 이 울타리를 돌려볼까? 아니면 울타리를 선이 아닌

점선으로 바꿔볼까 하는 생각이 들 때도 있어요. 왠지 그래야만 제가 더 좋은 사람으로 성장할 수 있을 것

같았거든요. 하지만 볼 때마다 새로운 누가 들어온 내 울타리를 바라보니, 먼 내가 아닌 것 같다는 생각이

들고 말아요. 그래서 그냥 이렇게 좁은 울타리를 가지려 쓰여오고 있어요. 뭐가 정답일지는 잘 모르겠어요.

이렇게 작은 울타리여도 먼저 나를 좋아해주고, 도나도 그 사람을 내 울타리에 들어올 수 있게 문을 열어

주게되는 사람도 있으니까요. 저는 이 울타리를 깨닫고, 가끔은 저 스스로가 더 행복한 것 같데요.

아에 내가 가장 싫어지는 것 … 많은 사회생활을 하면서 제 울타리를 잘 못지키고

상처가 많이 났던 것 같네요. 앞으로는 어떻게 울타리를 가꿀지

고민해보고 싶어졌어요. 감사합니다 :)

24. 04. 13. SAT

저는 제가 먼들의 높은 울타리를 엿보는 걸 정말 싫어해요.

내가 만든 울타리의 너무 작고 초라해서 정말 몰래히 울고 간 적도. 그런데

이 울타리를 멋지게 꾸며오려하다가, 어제 이 울타리를 다 보고 돔 갔거든. 자리배꾸려

물론 그 사람들에게 그런 제 마음을 티 내지는 않습니다. 혼자 또 더

튼튼한 울타리를 쌓고 있을 분이지요.

(이하 판독 불가한 손글씨 본문)

감사합니다)

'나에게만' 있는 것이라니 참 어렵다. 홍길동처럼 국내외를 돌아다녀도 끈끈한 좋아하는 분야에 대해서는 댓글 1800개도 읽으며 내려갈 수 있는 발전이 없음에서 오는 무기력함이 싫어 노력하는 성장하고자 움직이는 체력, 끈기(?), 남들에겐 없고 나에게만 있는 것 마음.

그러나 이것들은 '나에게만' 있는 게 아니야. 그럼 생각을 해보자. 무엇이 남들보다 '나에게 조금 더' 있을까? 음… 아!!!

눈물 흘릴 줄 아는 것. 슬퍼하는 사람과 함께 울어줄 줄 아는 것. 눈물이 않는 사람을 대신해 눈물을 내어놓는 것. 나는 다른 사람보다 조금 더 '우는 마음'이 흐르지 있다. 설령

생판 남일지라도. 내 눈시울을 훅히는 사람이 끊임없이 있다. 눈물이 말라가고, 개인주의다 탐욕이 뛰어놓고, 사랑이 식어가는 것만 같은 이 세상 속에서 나는 눈물 흘릴 줄 아는 사람이 좋다. 오 나는 남들보다 아주 조금은 더 '사랑을 구하는 마음'이 있다. 사랑은 유일하게 우력화 시킬 수 있는 것들이 무수하다. 전에 아빠랑 대화를 나눈 후, 세상을 살아가며 그래도. 여전히. 따스함을 내밀 줄 아는 사람이 되겠다 다짐한다. 사람에게 사기를 당하고 배신을 당했을 때 아빠가 엄마에게 건넨 말은 그래도 여전히 사람을 믿겠다는 말이었다고 한다. 사랑은 살아감에 있어 아주 큰 가치로 작용한다. 사랑를 품지 않는다해서 내가 어떠한 잣대로 판단할 수는 없지만, 사랑을 품고 대하는 사람과 그렇지 않은 사람에게서는 어떠한 차이가 날 것이라 생각한다. 사랑을 구할 줄 아는 사람. 눈물 흘릴 줄 아는 사람. 삶을 사랑할줄 아는 사람. 사람을 사랑할줄 아는 사람. 그런 사람이 되어야지 - 더욱 구해본다.

남들에게는
없고
나에게만 있는 것

눈물 흘릴 줄 아는 것. 슬퍼하는 사람과 함께 울어줄 줄 아는 것.
나는 다른 사람보다 조금 더 '우는 마음'이 있다.

나를
예뻐하는 법

매일 아침 알람소리에 단번에 일어나는 것
미지근한 물 한잔에 영양제를 챙겨먹는 것
양치와 세수를 하면서 거울에 비추는 나의 모습을 보고 예뻐져라
예쁘네 하면서 한쪽 웃는 것 길을 지나가다 어려운 사람이 있으면
도와주고 내 자신을 칭찬을 하는 것 내 자신을 잃지 않고 적절한
선에서 상대방을 배려하는 것 몸에 해로운 행동 자제 하는 것
얼굴을 가꾸고 꾸미고 예쁜 옷들을 입는 것도 예뻐하는 법에
속하기도 하지만 나는 자기 자신 스스로 외면보다
내면을 가꿔야 외면이 완성되는 거라 생각을 한다
겉 모습은 어떤 한 것들로 대단케 만들 수 있지만
내면은 그렇지 않다. 나 자신 스스로 만들고
가꿔야 한다. 그 것이 나를 예뻐하는 법이다

나를 예뻐하는 법 : <u>자신을</u> <u>보고</u> <u>한짝</u> 웃는걸

매일을 새롭게 태어나자는 한 분의 글을 읽으며..
어려한 의도로 쓰신 건 아니겠지만 매일이 다른 나라고 생각하니 왠지 힘이 나는거죠.
오늘은 위태로운 나, 내일은 그중 덜 위태로운 나, 오래는   그것보다
기쁜 나... 그러다 또 하루는 되게 괜찮은 나, 또 하루는   반짝거리는
엉망인 나, 그러다 또 몹시 힘든 나.. 그런 나 자신 마냥   상황이구나
이정하고 받아들이는 것.. 사실 그게 잘 안 돼서 더   나의 낭만(..?)   힘들기
하곤 있었으나 모르겠다는 생각이 들어요. 어떤 잠든 현실과 낭만을   몫에나
들이 닥쳐도 지금까지 내가 해온 것들로 다시 일기요소 동시에 꽂는 게   있게 된
내가 처음으로 애틋했습니다. 아까.. 힘들 보이고 볼씨가 좋으네요.   살아만 있어주면
좋겠습니다. 찰랑 타오르지 않아도, 어딘가에서 불어오는 바람으로, 지나가는 행인의
미소로... 그럼 그 어떤 것으로도 다시 타오를 수 있고 싶어요. 그치만 요즘은
내 몸씨가 존재하긴 뒷던데 확신이 서지 않을 때가 많은 것 같기도 합니다. 그래도
내가 나에 대해 자꾸 들여다보려고 함은 긍정적 신호라고 굳게 믿습니다. 내가
무엇에 찾는지도 몰라야겠지만, 무엇에 웃는지도 잘 아는 것이 중요한 것
같아요. 건강하지 않은 눈물 흘림은 마음이 아프니까요. 그렇기도 좋은 일이
생긴다면 사람답게 웃자고요. 내가 웃겠다는데... 내가 웃겠다는데 어쩔티비.
어찌면 나는 나를 너무 너무 너무 ~ ~ ~ 애정하는 것 같네요.

나의 낭만

매일을 새롭게 태어나자는 한 분의 글을 읽으며….
이러한 의도로 쓰신 글은 아니겠지만 매일이 다른 나라고 생각하니 왜 이렇게 힘이 나는지요.
오늘은 무기력한 나, 내일은 조금 더 무기력한 나, 모레는 그것보다 조금 더, 그러다 또 하루는 되게 괜찮은 나, 또 하루는 반짝거리는 멋쟁이인 나, 그러다 또 엄청 힘든 나. 그냥 나 지금 이런 상황이구나 인정하고 받아들이는 것, 사실 그게 잘 안 돼서 더 힘들어하고 있었을지도 모르겠다는 생각이 들어요. 어떤 문제가 들이닥쳐도 지금까지 내가 해온 것들로 다시 일어설 수 있게 된 내가 참으로 애틋합니다. 아무리 힘든 날에도 불씨가 살아만 있어주면 좋겠습니다. 활활 타오르지 않아도 어딘가에서 불어오는 바람으로, 지나가는 행인의 노력으로, 그 어떤 것으로든 다시 타오를 수 있고 싶어요. 그렇지만 요즘은 내 불씨가 존재하고 있는지 확신이 서지 않을 때가 많은 것 같기도 합니다. 그래도 내가 나에 대해 자꾸 들여다보려고 함은 긍정적 신호라고 굳게 믿습니다. **내가 무엇에 웃는지도 알아야겠지만, 무엇에 우는지도 잘 아는 것이 많이 중요한 것 같아요.** 건강하지 않은 눈물 흘림은 마음이 아프니까요. 그럼에도 울 일이 생긴다면 시원하게 울자고요. 내가 울겠다는데, 내가 웃겠다는데 어쩔티비. 어쩌면 나는 나를 너무 너무 너무~~~ 애정하는 것 같네요.

**창피해도
솔직하게**

가진 것이 많고 근사할수록 눈길을 끄는 건 자연스러운 세상의 이치다.
누가 얼마큼의 돈을 벌었는지, 몇 만 명의 팔로어가 있는지 따진다.
조회수가 높을수록 쉽게 알아주는 세상.
타인이 가진 엄청난 숫자 앞에선 압도되고 비교되기 마련이다.
내가 가진 이야기의 좋아요 숫자는 항상 예측 가능한 범위에 머무르기에
꾸며내지 않고는 나를 드러내기 꺼려진다.

솔직해지기 힘든 세상이다.
나의 연약함과 초라함을 꺼내 보이기란 원래도 어려운 일인데
난이도가 매일 높아진다.

생각이 꼬리를 물다가 곧 새로운 물음표를 그린다.
'남들이 알아주는 게 그렇게 중요한가?'
자꾸 더 높은 숫자를 가지라고 등 떠미는 알고리즘에 알 수 없는 반감이 든다.

그럴수록 나는 내 안의 초라함을 더 뒤적거린다.
나의 부족함, 못남, 찌질함을 느끼는 그대로 종이에 털어놓는다.
그러다 보면 나의 약점을 보여줄 용기가 조금씩 올라온다.
오늘도 그 용기로 창피함을 밀어내고 이야기한다.
내가 얼마나 약하고 허술한 사람인지.

나만의 세계로 빠져들기위해 없으면 안되는
물건들이 있고 꼭 필요한 음악이 있고
원하는 밝기나 어둡기가 있다는 것.
유난이다 싶을 정도로 신경쓰는 것들이 있다는게
창피한게 아니라 도드라지는 나만의 특성을
이해하고 존중한다는 것.
~~■~~ 사소한 고집들이 취향을 만들고 나를 만든다. 1/13

1月 1日

요즘 가장 힘든 게 뭐냐고 물으면
나는 내가 너무 어려워서 힘들다고 말할 것 같다.

종이를 붙잡아야만 뭐라도 할 수 있는 내가 미련해서 힘들고
나와의 약속을 자꾸 어기는 내가 힘들고
모든 일에 꼼꼼하지 못해 실수투성이인 내가 힘들고
나이를 먹어감에도 성숙함은커녕 옹졸해지는 마음이 힘들다.
마치 초등학생인데 다음 달에 수능을 보는 듯 답 없이 불안한 느낌.

지금 나에게 필요한 건
더 이상의 노력도 눈물도 아닌 시간이겠지.
'지나갈 일'이 '지나간 일'이 될 때까지 시간을 갖자.

나와의 시간을 갖자.

- 망설여지는 것

- 잊기 힘든 얼굴

- 최근에 읽은 책

- 아끼는 것

- 1년 후 오늘의 나에게

- 내가 가장 빛나는 순간

- 오늘 문득 떠오르는 사람

- 내게 깊은 만족을 주는

- 나만 알고싶은 노래

- 누군가를 위로할 수 있는 방법

> 모르는 사람을 알아가듯
> 나에게 궁금함을 품고 다가서기.

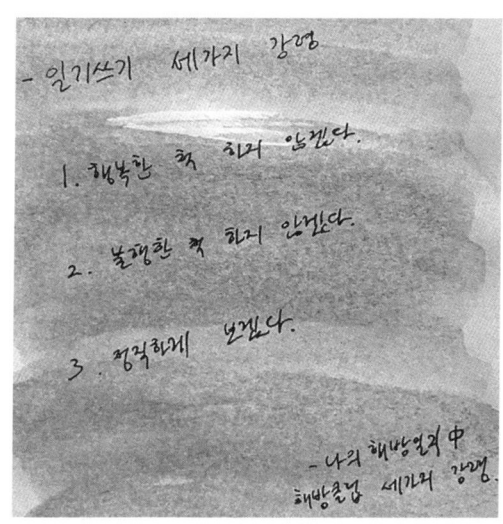

감명 깊게 본 드라마 '나의 해방일지' 중 좋았던 부분을 기록해두었다.
해방클럽의 세 가지 강령은 일기를 쓸 때 그대로 적용하고 싶다.

    1. 행복한 척하지 말 것
    2. 불행한 척하지 말 것
    3. 정직할 것

일기를 쓸 때는 최대한 솔직할 것.
얼마나 글씨를 깨끗하게 썼느냐, 얼마나 길게 적었느냐, 얼마나 멋진 글을 썼느냐는 그다지 중요하지 않다. 나의 두려움을, 걱정을, 희망과 기쁨을 똑바로 들여다보고 있는지 확인하는 게 일기의 의미다.

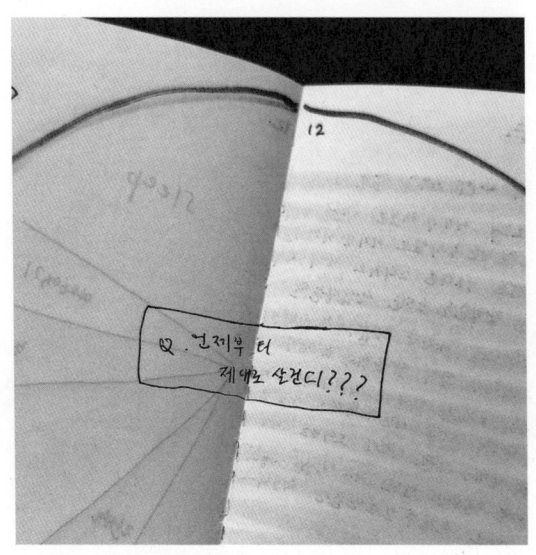

'제대로 산다는 게 뭔데?'
나에게 따지듯이 질문을 하기 전에
'제대로 산다'는 것에 대한 정의를 내려보자.

오늘 나의 정의는
나와의 약속을 잘 지키는 것.
스스로를 막 대하지 않는 것.
최소한의 노력은 하는 것.

자신에게 최선을 다하는 것.

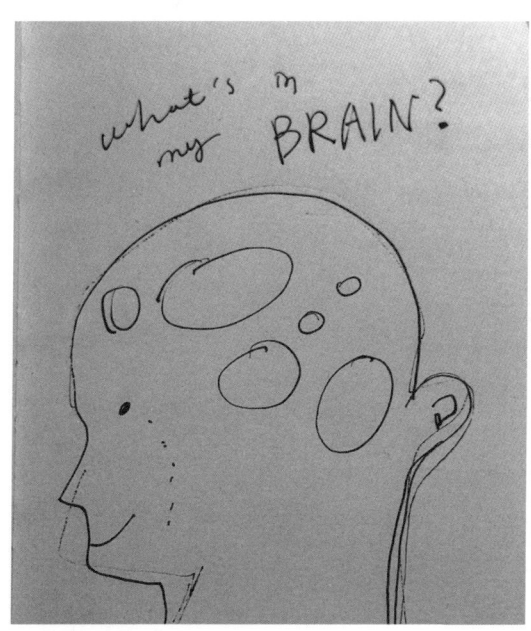

스스로를 이해하기 어려울 때,
내 머릿속엔 뭐가 들었는지 낙서해본다.

'나와의 약속들을 지키다 보면 내가 지킨 약속들이 나를 지킨다.'

내가 행복한 순간들.

→ 길을걷다 귀여운 강아지를 마주쳤을때.
→ 마음에 드는 공간에서 좋은 음악에 빠져들 수 있을때
→ 방을 깨끗하게 치웠을때
→ 마음이 잔잔할때
→ 누군가를 사랑할때
→ 멋진 그림을 봤을때

오글거림을 두려워하지 않으면
찰나의 행복을 오래도록 잡아둘 수 있다.

2장.   우리가 함께 나눈 이야기

우리는 매일 누군가와 마주하고, 이야기를 나누며
서로의 삶에 작은 흔적을 남긴다.

그런 만남이 우리를 조금씩 바꾸고
전에 없던 새로운 나로 성장하게 한다.
우리가 함께 나눈 시간은 어느새 나의 일부가 된다.

그리운 누군가가 떠오를 때,
종이 위에 우리의 이야기를 적어보자.

오늘은 문득
보고싶은

<u>오늘, 문득</u>   <u>할머니가 보고싶다.</u>

어릴 때부터 '똥강아지'라고   부르던 날들이 때때로 그리웠다.

<u>오늘 오랜만에 보는 줄 알았는데 아쉽고</u>   무섰다. 애써 외면하던 것이 금방

나타날까봐. 할머니 김치는 무척 달았다. 양파, 이상하게도 양파를 좀 굽고 양념장에

버무렸었다. 새우젓, 굴, 고춧가루 그렇게 들어가도 김치는 항상 달았다. 어릴 때인

해도 싫어했었는데, 고등학교 코로나때 뭐가 그리 맛있었는 지 김치랑 밥으로

두 그릇 먹었다. 덕분에 살은 안 졌지만, 김치 덕에 버텼다.

<u>보고싶다 할머니, 아닌가. 김치가 먹고 싶은 것 인가.</u>

잘 모르겠다. 어쨌든 할머니가 있어야 한다.

그게 중요한 것이다. '똥강아지'

<u>내 귀에 들렸으면!!</u>

―

보고 싶은 사람의 목소리를 떠올렸을 때
귓가에 선명히 들리는 것 같다면,
그만큼 내게 다정한 사람이었다는 것.

내 삶의 은인

우리 엄마.

엄마가 없었더라면 나는 그때 죽었겠지.

소중한 것이 매우 가깝게 있어서 그 소중함을 잘 깨닫지 못하게하는 사람.

우리 엄마는 긍정적이고, 남의 말을 잘 들어주고, 귀가 얇고, 칭찬해주면 좋아하는 사랑스런 사람.

다 적고 나니 내 장단점을 빼다 박았네.

미안하다는 말을 천 번 해도 모자란 사람.

미안하다 하면 되려 자기가 미안하다고 하는 사람.

평생 자기 이름 석자가 아닌 엄마라는 이름으로 살아간 사람.

오늘은 '미안해'가 아닌 '고마워'를 말해줄게.

엄마, 행복하자 이제 우리.

다음 생에는 내 딸로 태어나줘.

엄마가 내게 준

　　　　사랑의 순간들.

삶의 순간들.

○행복했던 기억 (나이순서 상관X)

① 어릴때 아마 7살? 가위질을 하다 무의식적으로 치마을 잘라 버려야 하는 상황에 엄마는 노발대발 혼내는데 그런 엄마를 뒤로 한채 괜찮다고 달래주던 아빠

② 피아노 대회에서 2등했을 때 좋아하던 엄마아빠의 모습

③ 생일이나 크리스마스 때 엄마,아빠,동생이랑 가던 그랜드하얏트

④ 엄마 명품 지갑 사줬을때 (그냥 무언가 선물 사드렸을 때 좋아하시는 모습)

⑤ 어릴때의 동생이 병아리처럼 재잘재잘 떠들던 모습 (더 예뻐해 줄걸)

⑥ 동생이 군대 갔을때 면회 가는데 힘 좋아하시던 엄마는 엄마아빠가 또 티격태격한다며 힘 같이 면회에 그때 음도 사랑이 행동에 눈빛에 가득 느껴져서 행복했음.

⑦ 이건 기억 아빠가 옥상에서 넘어져 새벽에 머리 꺼매져 응급실 갔었던 일있었던 날짜지만 나자 아빠의 버팀이 될수있다는게 좋았음

⑧ 서울로 이사했을 때 그나마 광주에서 벗어났다는 사실이 행복하기보다 좋았음

⑨ 서울로 이사와서 가족 기념일, 챙길 때

⑩ 그냥 내 엄마, 아빠, 동생이라서 행복하지.

" 행복하고 웃음소리 나는 순간들을 더욱 더 많이 만들어야지 할수 있다."

행복했던 수많은 기억의 출처는….

엄마, 아빠, 동생

이 키워드를 뽑고 한참을 고민했어요. 생각이 많아짐과 동시에 미안한 감정이 드는 사람이라서 일까요..
엄마.. 참 따뜻하면서도 고맙고 많이 미워하고 죽을듯이 싸우기도 했어요. 어렸을때는 그저 엄마와 여기를
놀러다니기만 해도 좋았는데 사춘기가 무언가, 엄마와 그렇게 모진 말들을 던지고 싸웠던 걸까요? 엄마와 저의 관계는

파도 같아요. 잔잔해서 평온함이 | 찾아왔던 것 같다가도 가끔은
깨선 파도가 서로를 덮쳐서 해서는 | 안될, 주워담을 수 조차 없는
말들이 오가더라고요. 아무리 많은 파도가 | 지나가더라도 그 파도들이
다 같진 않은 것처럼, 반은 상처들도 | 깊이가 다 같진 않더라고요.
점점 수면 위에 있던 우리가 무거운 쪽에 | 매몰려 상해 속, 그보다 더
말로 끌려내려가는 것 같았거요. | 그런데 시간이 약이라는 말이
정말 맞는 말처럼, 오랜 시간이 지나니 | 서로 다는 아닐지어도 아주

조금씩은 이해가 되더라고요. 저희는 어쩌면 쓰나미가 쓸고 지나간 자리의 잔해를 치우고 다듬는 것처럼 서로의
상처를 보듬는 시간을 가지고 있어요. 그래서인지 엄마에게 사랑한다고 말하지 않은지도 어느덧 몇 년이 된 것
같아요. 항상 내뱉어야고 싶은 말이면서도 내뱉기까지가 많은 시간이 걸려서 이렇게 멈춰있나봐요.
가끔 엄마와 사이가 좋고 애정표현이 많은 집들을 보면 동경의 대상이 되고 해요. 그림에서의 모습처럼
손을 꼭 잡고 사랑한다고 말을 할 수 있는 날이, 저에게도 얼른 찾아왔으면 좋겠어요.

엄마 사랑해요

내 이름은 지어는 사람

외할머니·외할아버지 이셨던 걸로
기억한다. 사랑하는 외조부모님. 어린
시절 할머니·할아버지께서 바쁘셨던
부모님 대신 우리 자매를 돌봐주셨다.
성이 특이한 편이라서 이름을 지을때
많이 고민하셨다는 이야기를 전해들었
는데, '유리'라는 이름을 지어주려고 하
다 성과 합쳐지면 친구들에게 놀림
받을 것 같다는 생각에 '예지'라는
예쁜 이름을 지어주셨다. 재주예(藝)
·알지(知)를 써서 네 재주를 알고,
맘껏 펼치며 살라는 마음에서 지어

주셨다고 한다. 그 턱분인지 나는 돌잡이에서 뜨개실을 잡았고, 손으로 하는 일에서 못하는 부분이 거의 없다. 손재주가 뛰어난 편이라 글씨도 잘 쓰고, 뜨개질도 잘하고. 화장이나 스타일링 등 나를 꾸미는 것에도 재주가 있다. 이름처럼 내가 가진 장점들을 명확하게 알고있고, 그것들을 잘 가꾸고 다루어 하고 싶은 일들을 하며 살아가고 있다. 구름 위에서, 예쁘게 지어주신 이름으로 멋지게 살아가고 있는 손녀딸을 흐뭇하게 바라보고 계시기를 :) 사랑하고 감사해요. 늘 보고싶습니다.

2024. 05. 17. 밤

가끔씩은

내 이름을 지어준 사람들을 떠올려본다.

사랑

사랑은 뭘까요?
외할머니의 새벽 기도, 아빠의
서툰 김치찌개, 엄마가 소풍날 싸주시던
햄이 두쪽 들어간 김밥, 뭐 그런게 아닐까요? 내가
아는 사랑은 적어도 그런 것 같습니다. 한 박자
쉬고 걸음을 맞추거나, 왠히 세상에 소란스럽게
얹어지 않아도 도망가 버릴까 걱정하지 않아
도 되는 느낌, 그런 거가 말이요. 늘상 사랑은
혼자서 깨우치고 배운다 생각했었는데.
난 이미 너무 많은 사랑을
받아 버렸습니다.

5/5

사랑

사랑은 뭘까요?
외할머니의 새벽기도, 아빠의 서툰 김치찌개, 엄마가 소풍날 싸주시던 햄이 두 줄 들어간 김밥, 뭐 그런 게 아닐까요? 내가 아는 사랑은 적어도 그런 것 같습니다. 한 박자 쉬고 걸음을 맞추거나, 괜히 세상에 소란스럽게 알리지 않아도 도망가버릴까 걱정하지 않아도 되는 느낌, 그런 것이라 믿어요. 늘상 사랑은 혼자서 깨우치고 배운다 생각했었는데 난 이미 너무 많은 사랑을 받아버렸습니다.

사랑을 혼자 깨우치려는 내 손엔
이미 답안지가 쥐어져 있었다.

결 + 흥희 + 이래   2024. 9. 7. 토. 16시

지나간 대부분의 것들을 후회한다. 더 열심히 하지 않은 것, 더 잘해주지 못한 것, 더 사랑해주지 못한 것, 미안했던 것, 후회를 정리하면 태어난 것이 잘못이 되기 바로 전 같은 기분이다. 부모님께 자랑스러운 자식이 되지 못한 것 같고 후회스럽고 좋은 사람으로 딱히 여기지지 못한 것 같아 주변 사람들에게 미안하다. 그럼에도 불구하고 지금 내 곁에 있어주는 사람들은 나와 별이 맞는 사람들이다. 다정하고, 성실하며, 상대에게 진심이 있는 사람들. 이런 사람들과 미래를 함께 한다는건 후회하며 있는 걸음이라도 더 든든하게 만드는 작용을 한다. 힘 닿는 한 오늘까지만 많은 사람의 따뜻한 말과 낯가림으로 티 드러난, 주변 사람들의 응원과 기쁨이 뭘까 알아야한다. 잠깐이지만 나의 작품활동에 많은 애정과 사랑을 준 사람들 덕에 앞으로의 작품을 수정하고 있다. 즐거식겠거니, 혹은 즐거시도 어떠한 것들은 후회할 것이야. 하지만, 후회하면서 동시에 행복하지 않을까? 미완성 작품을 만든다는 말보다 과정속에서의 행복을 맛보라고, 나는, 너는 무엇이든 후회하리만, 얼마나 행복하다.

많은 작품이 감상되지는 날, 다른 사람들의 작품도 구경하고 싶은 날 라이팅홀에서…

결+후회+미래

지나간 대부분의 것들을 후회한다. 더 열심히 하지 않은 것, 더 잘해보지 못한 것, 더 사랑해주지 못한 것, 미워했던 것, 후회를 적다 보면 태어난 것이 잘못이 되어버릴 것 같은 기분이다. 부모님께 자랑스러운 자식이 되지 못한 것 같아 후회스럽고 좋은 사람으로 옆에 있어주지 못한 것 같아 주변 사람들에게 미안하다. 그럼에도 불구하고 지금 내 곁에 있어주는 사람들은 나와 결이 맞는 사람들이다. 따뜻하고, 섬세하며, 상대에게 정성이 있는 사람들. 이런 사람들과 미래를 함께한다는 건 후회하던 일을 조금이라도 덜 후회하게 만드는 작품 활동 같다. 한 작품을 만들기까지 많은 사람의 따뜻한 말과 날카로운 피드백, 주변 사람들의 응원과 가족의 뿌리가 있어야 한다. 지금까지 나의 작품 활동에 많은 애정과 사랑을 준 사람들 덕에 망쳤던 작품을 수정하고 있다. 죽기 직전까지 혹은 죽어서도 어떠한 것들은 후회할 것이다. 하지만, 후회하면서 동시에 행복하지 않을까? 미완성 작품을 만들더라도 만드는 과정 속에서의 행복을 만끽하자. 나는, 너는, 무엇이든 후회하지만 언제나 행복하다.

당신은 어쩌면
세상에서 가장 행복한 후회를 하는 사람

나의 첫 제자 1학년 5반에게,

나는 가끔 우리가 처음 만난 날을 곱씹어 본다.
그땐 너희가 이렇게 나에게 큰 존재로 자리잡을 줄 몰랐는데.
시간이, 정이 참 무서워. 이젠 너희가 없는 곳에서도 종종 너희를
떠올려. 부끄럽지만 선생님은 아직도 사랑이 뭔지 잘 몰라. 하지만
만약 내 삶에서 사랑에 가장 가까운 존재가 있다면 그건 너희가 아닐까 싶다.
나는 종종 너희를 생각해. 밥은 먹었는지, 잠은 잘 잤는지, 아픈덴 않은지.
너희가 마주한 고민들이, 어른이 되기 위해선 당연히 겪어야 할 성장임을
잘 알면서도, 우리 반 찬들은 조금 덜 아프고 힘들길 바란다. 너희가
앓으면 미약할 교사이 걱정하다가도, 우리 반은 잘 할거라고 다독이기도 한다.
아직 사랑한가 싶으면서도, 사랑이 아니면 이걸 어떻게 정의할까
싶어. 너희가 누군가에겐 덧없이 소중한 존재임을 잊지말고
살아가길 바란다. 항상 건강하고 행복하렴.

2025. 01. 21.

부끄럽지만 선생님은 아직도 사랑이 뭔지 잘 몰라. 하지만
만약 내 삶에서 사랑에 가장 가까운 존재가 있다면 그건 너희가 아닐까 싶다.

사랑이 뭔지 모르는 어른의 걱정.
사랑에 가장 가까운 존재를 향한.

조금 덜 아프고 가끔 힘들길

그는 이따금 우리에게 들렀다가 또 훌쩍 떠나곤 했다.
20대의 절반은 땅보다 바다에서 보낸 날이 많았다.
나는 늘 묻고 싶었지. 바다는 어땠어?
그러나 나는 수줍음을 아주 잘 타는 작은 아이에 불과했고, 머뭇거리며 소매를 만질 즈음
그는 용돈을 쥐어주거나 술에 취해 앉아온 작은 인형 따위를 떠넘기고 다시 바다로 향했지.
그가 쓰던 방에 물때가 큰 일이 일어난다거나 새 집으로 옮겨 '그의 방'이란 개념이
희미해지면서 나는 정말로 그의 항해가 바다를 사랑해서인지 아니면 새끼 새의
이소처럼 그저 당연한 것인지 궁금한 걸 그저 그만 두었다.
아무래도 좋아. 속으로 비웃처럼 되뇌이는 말.
아무래도 좋아.
바다가 싫은 불고기도 하는 대신 물 속으로 뛰어내리던 새도 지상에서 아가미로 호흡하는 나도
아무래도 좋다.
산다는 건 호불호로 결정할 수 있는 문제가 훨씬 많다는 걸 그의 나이를 겪어가며 깨닫는다.
당신의 바다가 나쁘지 않았기를 바라. 나는 땅에서 하늘을 상상하다 굴러 떨어졌거든.
당신의 항해도, 나의 이소도 틀리지 않았기를 그저 바라.
그때,
바다는 어땠어?

그의 나이를 먹어가며 깨닫는다.

산다는 건 호들로 결정할 수 없는 문제가 훨씬 많다는 것을

**내 안의
좋은 것들은
모두
남을 통해 나온다.**

나는 엄살이 심하다.
평범한 어려움에 비범하게 절망하고,
약한 자극에도 벌벌 떨며 불안해한다.

머릿속 복잡한 생각을 종이 위에 풀어놓아도 기분이 나아지지 않으면,
어떤 이야기든 마음 편히 나눌 수 있는 친구를 찾는다.

오늘의 엄살 전, 수천 번의 푸념을 떠올린다.
내 고민이 혼잣말이 아닐 수 있게 해준 사람들의 이름을 생각한다.
나를 나약하다 나무라지 않고 묵묵히 들어준 사람들 덕분에
나는 나답기를 포기하지 않을 수 있었다.

질책하기, 나무라기, 화내고 미워하기 같은 쉬운 선택지들 중에
사랑하기, 참기, 기다리기, 들어주기처럼 어려운 선택을 하는 나.
내 안에 있는 최고로 괜찮은 모습을 선택하는 나.

내 안에 좋은 것들은 모두 타인을 통해 나왔다.
받아온 마음을 잘 지켜내는 사람이 되고 싶다.

3월 감사일기 📖 Thanks for anything

3.1 취명완 엄소이 키울수 있어서, 늦잠잘수 있어서, 시켜먹고 싶은도 읽어 사먹을수 있어서 감사합니다.

3.2 파우치 촬영 잘 끝나서, 정인이랑 ㅁ만 보낼수 있어서, 번아웃캠프 참여할수 있어서 감사합니다. 다시 작은 희망을 느껴서 감사합니다.

3.9 투표하고 괜만이 공이랑 더옷, 단기한속 있어서 감사합니다.

3.10 아침부터 힘들고 슬펐지만 출근해서 일하고, 그것보다 용기내서 운동가고 PT끊으러, PT끊은 돈이 있더것게 감사합니다.
오랫동안 🐻 움직이프온 버텼다 검은 비둘수 있어 감사합니다.

3.11 에너지가 바듬나서 다시 계획할 의지나 생겼던 것 감사합니다.
아침일찍 운동할 수 있어서 감사합니다. 카페 앉아어 하루 시작한수 있는것도.

3.14 운동 잘하고 '뜨거운싱어즈' 보면서 감영받을수 있어서 감사합니다.

3.15 아침운동할수있는 몸, 건강이 있어서. Sickcatsign 카페 올수 있어서 감사합니다

3.20 봄기운 가득한 날씨에 해지기 전 나올수 있어서 감사합니다.

3.25 해가드는 항가에서 일한수 있어서, 좋은음악 들으며 작업한수 있어서 감사합니다

3.26 집앞에 봄 냉이가 자라난걸 보고 기뻐한수 있는 여유에 감사합니다

3.27 보완남공연 전시 에서 좋은 영감 받을수 있어서, 좋은 친구가 있어서 감사합니다

3.28 '일만 시작하는게 오월이고 계속하는게 재능'이라는데, 시작했다는 것 자체가 큰데

3.29 명약한 머리가 이승히 들어서 기분이 좋았던것, 운도 계속 할수 있어 감사합니다

3.30 맛있는 샌드위치, 열심히 일하고 나서 보내는 시간이 즐거워서 감사합니다.
+ 대광우매전! 완소 감사합니다 ☺

3.31 예생각 없이 편안하는 시간을 보낼수 있어서, 일 끝내고 조용히 듣고 음악들으며 일기쓸수 있는 공간이 있어서 감사합니다.

3월 한달도 별탈없이 잘 지낸것에 그느라 감사합니다. 땡큐 땡큐.

매일 한 줄씩 감사한 일을 찾다 보면
내가 잘해서 잘된 게 아님을 알게 된다.
나의 행복을 지지해준 누군가의 뒷모습이 보인다.

나를 사랑해 그럼 인생도 나를 사랑해

나를 사랑해 그럼 인생도 나를 사랑해
나를 사랑해 그럼 인생도 나를 사랑해
나를 사랑해 그럼 인생도 나를 사랑해
나를 사랑해 그럼 인생도 나를 사랑해
나를 사랑해 그럼 인생도 나를 사랑해
나를 사랑해 그럼 인생도 나를 사랑해
나를 사랑해 그럼 인생도 나를 사랑해
나를 사랑해 그럼 인생도 나를 사랑해!!
나를 사랑해 그럼 인생도 나를 사랑해
안녕! 나를 사랑해 그럼
나를 사랑해 그럼 인생도 나를 사랑해!
나를 사랑해 그럼 인생도 나를 사랑해.
나를 사랑해. 그럼 인생도 나를 사랑해.
나를 사랑해 그럼 인생도 나를 사랑해
나를 사랑해 그럼 인생도 나를 사랑해
나를 사랑해 그럼 인생도 나를 사랑해
나를 사랑해 그럼 인생도 나를 사랑해
나를 사랑해 그럼 인생도 나를 사랑해
나를 사랑해 그럼 인생도 나를 사랑해

★TEST★

내 기분이 좋아야 내 운이 좋아진다

내기분이 좋아야 내운이
내 기분이,, 좋아야 내 운이 좋아진다~
내 기분이 좋아야 내 운이 좋아진다!
내 기분이 좋아야 내 운이 좋아진다
내 기분이 좋아야 내 운이 좋아진다
내 기분이 좋아야 내 운이 좋아진다
내 가분이 좋아야 내 운이 좋아진다.
내 기분이 좋아야 내운이 좋아진다~ 좋아
내 기분이 좋아야 내 운이 좋아진다.
내 기분이 좋아야 내운이 좋아진다.
내기분이 좋아야 내운이 좋아진다.
내 기분이 좋아야 내 운이 좋아진다.
내기분이 좋아야 내 운이 좋아진다.
내기분 좋아야 내운이 좋아진다.
내 기분이 좋아야 내 운이 좋아진다
내 기분이 좋아야 내 운이 좋아진다.
내 기분이 좋아야 내 눈이 좋아진다
내 기분이 좋아야 내 눈이 좋아진다
내 기분이 좋아야 내 눈이 좋아진다.

다른 글씨체로 써 내려가는
우리들의 같은 마음들.

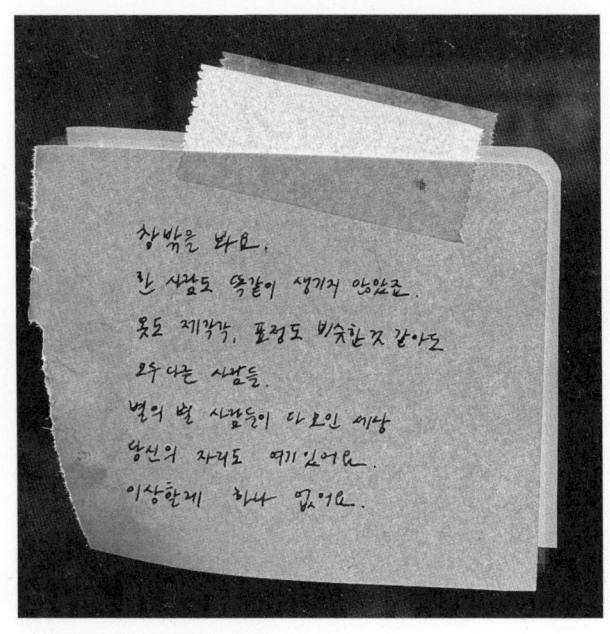

창밖에 수많은 사람들.
한 명도 똑같은 사람이 없다는 게 위로가 되던 날.
이상할 게 하나 없다.

> 가끔 내가
> 쓰고 있는 순간이
> 창피하게 느껴지면
>
> 나는 너은이를 떠올린다
> 그럼 그 애가 꼭
> 내 앞에 앉아서
> 같이 쓰고있는 것 같아
> 이내 마음이 당당해진다.
>
> 2.7

혼자 사는 삶이라고 느껴질 때
내 곁을 지켜주는 사람의 이름을 떠올린다.
우리가 함께 나눈 건
쓰는 사람이라는 동지애.

3장. 각자의 도시 생활

숨도 빨리 쉬어야 할 것 같은 서울.
더 빠른 속도와 높은 효율을 외치는 도시 한가운데
굳이 손으로 느릿느릿 글을 쓰는 공간 라이팅룸이 있다.
이곳을 찾은 사람들은 차가운 사회에서 어떻게 각자도생 하고 있을까?

꿈과 목표를 향해 치열하게 나아가는 사람도,
그러다가 잠시 멈추기로 한 사람도,
우리는 모두 각자의 삶을 여행하는 사람들.
그들의 시작과 끝 그리고 또 다른 시작을 오래도록 응원하고 싶다.

금한일

사실 제겐 돈을 버는 일이 가장 사랑한 일입니다.
부모님을 막양려야하거든요. 스무살 이후로 제게
큰 돈을 써본 경험이 없을 정도로 늘 아끼며
살아왔습니다. 그러다보니 크다르만 생각했던
저의 세계가 점점 좁아지더라구요.
좁아진 저의 세계가 답답해서 홀로 우는 밤도
길어지고 홀로 우는 날이 많아졌습니다.
솔직히 아직도 그럴거요.
여전히 돈을 버는 일은 사랑한 일이지만, 앞으로 이걸
1순위로 두지 않기로 결심했습니다.
오늘, 여기서요.

중요한 일

왜냐하면 늘 제 마음 속 긴 '공부'라는 중요한 일이 남아있거든요.
항상해두고도 번번이 또 떠안게 합격 포기를 했었던 저는 한번더 도전하려고합니다.
어떤 경제적 어려움이 타도, 누군가가 대학진학 형편 좋지 아닮이나 가는거라고 말려도,
보란듯이 대학진 가지말고 돈 벌라고 재촉해도 그저 묵묵히 제 갈길 가 볼 생각입니다.
참 멀고도 험한 길지 비바람이 부는 나날이겠지요?
어려움을 알고 떠나기에 그 길이 조금이라도 덜 괴로울 바라봅니다. 누군가 읽으신다면 주제넘게 응원을 바랍니다. 행복합시다. 언젠가.

3년간의 프리랜서 생활을
마치고 12월 중순부터 쓰는 일 회사생활을 시작한다.

그간 자유라는 단어의 끝을 맛봤지만 그 곳에 자유는 없었다.

진짜 자유는 시간과 공간을 자유롭게 쓸 수 있는 환경이 아니라

어떤 환경속에서도 잘 살아내려는 태도야말로 내게 진정

자유를 가져다 준다. 29살에서 30살 넘어가는 끝자락에

첫 회사생활을 시작하는게 조금 설레고 긴장된다.

3년간 느끼고 경험했던 것들이 양분이 되도록

잘 머금어 정리하는 중이다.

좋은 공간에서 잘 있다

갑니다!!

♡

자유라는 단어의 꿈

진짜 자유는 시간과 공간을 자유롭게 쓸 수 있는 환경이 아니라

어떤 환경속에서도 잘 살아내리라는 태도

견뎌보자

생각해보면 사는 게 그렇다.

공격하는 것, 쥐어 대고 사람들의 부족한 것을 바라는 것.

나와 관계 있으면 것들을 포기하고 현실과의 적당한 선을 찾아 타협하는 것.

'이만하면 되었다' 하며 바라는 것, 미래의 수많은 일들을 상상하며 지금의 시간을 살아내는 것.

지금보다 이상한 사회이었던 시절, 이 '견디는 것'이 진정으로 나 스스로에 외치고 싶은 마음이 들었었다.

견디기보단 맞섰고, 부딪히고 싸우고 이기고, 때로는 지고… 그렇게 청춘이 따르고 쉽지 않았다.

그러나 지금 나는 그저 묵묵히 견디는 법을 배우고 있다. 가끔은 나도 현실과 사회에 맞섰던 그 기분이 들곤 서운하다.

그러나 나이 먹어 깨달아 가는 것, 견디는 것 조차 내면의 단단함이 필요한 일이라는 것.

그리고 견뎌내야만 배우는 것이 있고, 그런 삶을 통해 나를 나답게 지켜낼 수 있다는 것.

사실은 모두가 각자의 삶을 어떠한 방식이면 견뎌내고 있다는 것. 그 와중에도 나를 잃지 않는 것.

사는 인생이란 모든 걸 견디고 남는 나의 성격, 주관, 그리고 나의 정체성이 아닐까?

그렇다면 견디는 것 또한 받아들일수 밖에 없다. 버텨낼 수밖에 없다.

설령 그 안에 아무것도 없더라도, 그 공허함 만큼 나 자신인 것을.

2024 / 11 / 13

견뎌온 것

생각해보면 사는 것이 그랬다. 공부하는 것, 직장을 다니고 사람들과의 불편한 것을 버티는 것, 내가 진짜 원하는 것들을 포기하고 현실과의 적당한 선을 찾아 타협하는 것, '이 정도면 되었다' 하며 버티는 것, 미래의 부귀영화를 생각하며 지금의 시간을 살아내는 것. 지금보다 미성숙한 사람이었던 시절, 이 '견디는 것'에 진절머리가 나 세상에 소리치고 싶은 마음이 들었다. 견디기보다 맞서고 부딪치고 싸우고 이기고, 때로는 지고… 그렇게 순순히 따르고 싶지 않았다. 그러다 지금 나는 그저 묵묵히 견디는 법을 배우고 있다. 가끔은 나도 현실과 사회에 맞서다 진 기분이 들어 서글프다. 그러나 내가 미처 깨닫지 못한 것은 견디는 것 또한 내면의 단단함이 필요한 일이었다는 것. 사실은 모두가 각자의 삶을 어떠한 방식이든 견뎌내고 있다는 것. 그 안에서도 나를 잃지 않는 것. 사실은 인성이란 모든 걸 견디고 남은 나의 생각, 주관 그리고 나의 정체성이 아닐까? 그렇다면 견디는 것 또한 받아들일 수밖에 없다. 버티는 수밖에 없다. 설령 그 안에 아무것도 없더라도. 그 공허함 또한 나 자신인 것을.

묵묵히 견디는 법을 배워가면서도
나를 잃지 않을 것, 내 방식을 찾아 견뎌낼 것.

나를 나답게 지켜낼 것.

지난번 라이팅룸에 왔을 땐
놓지 못하던 것이 있어 그것에 대한 생각을 정리하고자
들렀습니다.
그리고 지금 두번째 방문에는 놓지 못하던 것을
놓아버린 상태입니다.

놓으면 큰 일이 날까봐, 꼭 붙잡고 놓지 않으려고
온갖 노력을 했습니다.

근데 놓아보니 남들은 생각보다 관심이 없더라고요.
생각보다 더 내 생각대로 되는 것이 인생인 것 같습니다.

포기의 끝엔 무엇이 있을 진 몰라도,
포기의 바로 속엔 행복이 있습니다.

포기가 두려워서 가까이에 있는 행복을 무시하지 마세요.
본인을 가두지 마시길 바랍니다.

24. 11. 15

지난번 라이딩룸에 왔을 땐
놓지 못하던 것이 있어 못에 대한 생각을 정리하고자
들렀습니다.
그리고 지금 두번째 방문에는 놓지 못하던 것을
놓아버린 상태입니다.
놓으면 큰 일이 날까봐, 꼭 붙잡고 놓지 않으려고
온갖 노력을 했습니다.

근데 놓아보니 생각은 막상보다 산뜻이 끝나구요.
생각보다 더 내 생각대로 되는 것이 인생인 것 같습니다.

포기의 끝엔 무엇이 있을 진 몰라도,
포기의 바로 옆엔 행복이 있습니다.
포기가 두려워서 가까이에 있는 행복을 무시하지 마세요.
편안을 가득히 마시길 바랍니다.

24. 11. 15

가까이에 있는 작은 행복을

내가 소중히 여겨주기.

24.11.15.
내가 가장 오래 해 오던 일에

~~쉼표를~~ 찍었다. 마침표도 아닌 쉼표인데, 적는 데에
십 년이 넘게 걸렸다. 주체는 11년 전, 2013년쯤 시작했고, 전문적으로
하기 시작한 것은 7년 전, 2017년쯤? 아무래도 오래 하긴 했다. 그래서
다들 내가 고민하는 십 년 동안 시간이 아깝지 않냐고 물었다. 하지만 난 절대,
전혀 아깝지 않았다. 시간이 아깝다고 생각하는 순간, 그 시간을 가득 채운
내 노력이 아까워질 것 같아서. 시간이 아깝지도, 아깝다고 말할 수도 없었다.
시간도 아깝지 않았던 내가, 쉼표를 찍기 어려워 했던 이유는 하나다.
중간에 포기하는 사람이 되기 싫었다. 어떤 어려운 일도 이겨내는 것이
내가 해야하는 일이라고 생각했다. 그런 내가, 힘들다고 무언갈 포기하는 건
있을 수 없는 일이라고, 그런 생각을 갖고 있었다. 그럼에도 내가
~~쉼표를~~ 쉼표를 찍게 한 생각은 이것이다. 내가 중간에서 포기하는 것이
아니다, 많은 것을 알고 다른 목표를 찾는 시간을 갖는
것이라고 생각을 고쳐 먹었다.

내가 가장 오래 해오던 일에
쉼표를 찍었다. 마침표도 아니고 쉼표인데 찍는 데
1년이 넘게 걸렸다. 취미로는 11년 전인 2013년쯤 시작했고, 전문적으로
하기 시작한 것은 2017년쯤? 아무래도 오래 하긴 했다. 그래서
다들 내가 고민하는 1년 동안 시간이 아깝지 않냐고 물었다. 하지만 난 절대
전혀 아깝지 않았다. 시간이 아깝다고 생각하는 순간 그 시간을 가득 채운
내 노력이 아까워질 것 같아서 시간이 아깝지도, 아깝다고 말할 수도 없었다.
시간도 아깝지 않던 내가 쉼표를 찍기 어려워했던 이유는 하나다.
중간에 포기하는 사람이 되기 싫었다. 어떤 어려운 일도 이겨내는 것이
내가 해야 하는 일이라고 생각했다. 그런 내가 힘들다고 무언갈 포기하는 건
있을 수 없는 일이라고. 그럼에도 내게
쉼표를 찍게 한 생각은 이것이다. 내가 중간에서 포기하는 것이
아니다. 많은 것을 이루려고 다른 목표를 찾는 시간을 갖는
것이라고 생각을 고쳐먹었다.

'일시정지'를 눌러놓은 것일 뿐이다.
언제든 재생할 수 있도록.

쉬운것

어릴 때에는 모든것을 할수있을 것 같고
어른이 되면 모든일이 쉬울 줄 알았어요.
하지만 어른이 되고서, 대학생이 되면,
졸업을 하고 취업을 하면 더욱 쉬운것들이
그렇지 않게 되네요. 쉬운것이 어렵기도
하고, 어려운 것들이 쉬운 것이기도 한게
인생 같네요 ㅋㅋㅋㅋ
저에게 쉬운것은, 음... 제 전공이었던
과목?!

어려운 것

세상에는 어려운 것들 투성이네요. 타인을 이해하는 일도 어렵고, 제 자신을 이해하고 알아가는게 가장 어려운 것 같아요. 가장 '나'를 잘 아는 사람이 제 자신인데 가끔은 그렇지 않을 때가 있어요. 인생의 중요한 일을 결정해야 할 때면 더욱더 그렇지요. 아마도 살아가는 동안은 '나'가 무엇을 좋아하고 어떤 일을 할 때 행복한지 탐구하며 살아가겠죠? 가장 어려운 일이니깐요.

'나'를 잘 아는게
가장 어려운 일

나는 지금 얼마나 행복한가요?

지금 이순간은 꽤 행복하다. 동동한 만년필의 몸체가 주는 느낌도 좋고 콤부차도 시원하고 상큼해서 좋다. 부드럽게 써지는 글자들을 보고 있는 것도 좋다.

하지만 요즘이 얼마나 행복한가에 대해 생각해보면 나 자신에게 미안해진다. 적성에 맞지 않는 일을 하며 하루 하루를 꾸역 꾸역 버티고 있다. 어쩌다보니 운 좋게 대기업에 취직했는데, 여기보다 좋은 회사를 갈 수 있을까라는 걱정에 한동안에도 떠나치질 못한다. 사실 운이 좋았던게 맞긴 한가? 이렇게 괴로운데!

분명 학생때까지는 나는 돈보다 류니수 행안이
더 중요한 사람이었다. 남들 눈에 내가 기특히
보일지도 전혀 상관 안했던 것 같은데...
어른이 될 수록 겁만 많아지는 것 같다.
남들의 시선도, 변화도 두렵다.
한번 사는 인생 행복해야할텐데. 난
대체 뭘 해야 행복해지려나...
같은 부서 분이 이번주꺼 심정지로 돌아가셨다.
스트레스로 휴직을 하신 분이었다. 마음이
너무 안좋다. 회사가 대체 뭐길래.

29살의 8월. 늦지 않은것 지독한 아픔속를
보내고 있습니다. 뭘해도 잘 안풀리는것만 같고 아무것도 안해도
안좋은 일이 마구마구 벌어져요. 모두가 29살은 청춘이고 뭘해도 늦지않는다
하지만 전 '뭘' 해야할지 잘 모르겠어요. 그렇다고 아무것도 안하자니
불안해서 뭐라도 하는데 이게 과연 나를 위한 일일까 생각이 들어요.

아, 쓰다보니 알겠어요. 나 자신을 알아가는 것은 저승도 늦지 않았다.

남들에게 잘 보이기 위해 애쓰는 나말고, 진정 나는 어떤 사람일까요.

오늘부터는 나를 잘 지켜보고, 잘 지켜줘야겠어요.

나 자신에게 제일 솔직해야 하는데 어렵네요.

일단 지금 이 순간 만큼은 시간이 흐르는게 아까울 정도로
안쓰러워요. 24. 8. 23 (금)

ㅅ

스물아홉 8월. 늦지 않으니 지독한 아픔속을
보내고 있습니다. 뭘해도 잘 안풀어놓는것만 같고 아무것도 안해도
양심은 먹이 자꾸 미어 떨어져요. 모두가 29살은 힘들다고 했지만 늦지않는다
했지만 전 '뭘' 해야할지 잘 모르겠어요. 그렇다고 아무것도 안하자니
불안해서 뭐라도 하는건데 이게 과연 나를 위한 일일까 생각이 들어요.
아, 살다보니 알겠어요. 나 자신을 알아가는 것은 지금도 늦지 않았다.
남들에게 잘보이기 위해 애쓰는 나말고 진짜 나는 어떤 사람일까요.
오늘부터는 나를 잘 지켜보고, 잘 지켜주어야겠어요.
나 자신에게 제일 솔직해야 하는데 어렵네요.
일단 지금 이 순간 많음을 세상이 모르게 아까울 정도로
안쓰러워요. 24. 8. 23 (금)

소

내가
사랑하는
내 모습

다정해 지지   알아야 겠다고

다정한 적이 있었습니다.   차갑고 냉정한 사회에서

살아남기 위해, 마음 받지 않기 위해   애써 외면하고 시선을 회피한

날들이 많았습니다. 그럼에도 작게나마 마음을 표현하고, 누군가에게

진심어린 미소를 지으며 나는 냉소적인 사람이 될 수 없다고 생각했습니다.

매번 상처 받더라도 주눅들지 않고 털어내고, 여유가 없어도

누군가를 향해 내뱉는 말과 행동에 따스함을 더하려고

하는 나의 모습이 대견하면서 사랑스럽습니다.

결국 다정함이 이기는 것 같아요 ;)

마음에 지지않고 따스함을 건네는

사람이 되겠습니다

다정함 예찬자

다정함을 지켜낸 당신이
가장 강인한 사람.

제 직업을
잠시 뒤로 미뤄두기로 했습니다.
그저 취미로, '부업'으로 여기며 나라는 사람을
더 멀리로 하는 곳에서 내가 하고 싶었던 일들을
해내기로 했습니다. 이 결정은 제게 결코 쉽지 않았고,
앞으로도 이 순간들을 되돌아볼것 같아요. 그럼에도 불구
하고 인생은 후회를 관리하는 게임이기에, 이 선택과 결정
에 후회를 남기지 않도록 최선을 다 해보려고요. 이렇게 결정
하고 나니 그 어떤때보다 편안해진 저를 발견하게 되었
습니다. 저 자신을 더 돌보게 되었고, 내 존재만으로도 충분
하다고 말해주는 제 사람들에게 감사와 사랑을 돌려줄
수 있게 되었어요. 그런 제가 자랑스럽습니다. 치열
하게 보낸 나의 20대 중반이 먼 훗날의 제게
웃으며 꺼내볼수 있는 한페이지로 남기를 :)

2024.05.17.

저 적업을
잠시 뒤로 미뤄두기로 했습니다
그저 취미로 부업으로 여기며 나다운 사랑을
더 멀리로 하늘 곳에서 내가 하고 싶었던 일들을
해내기로 했습니다. 이 결정은 쉽게 결코 쉽지 않았고,
앞으로도 이 순간들을 되돌아볼것 같아요. 그렇에도 늘

==인생은 후회를 관리하는 게임이기에, 이 선택과 결정==
==에 후회를 남기지 않도록 최선을 다 해보려고요.== 이렇게 결정
하고 나니 그 어떤 때보다 편안해진 저을 발견하게 되었
습니다. 저 자신을 더 돌보게 되었고, 내 존재만으로도 소중
하다고 말해주는 제 사랑들에게 감사다 사랑을 돌려줄
수있게 되었어요. 그런 제가 자랑스럽습니다. 치열
하게 보낸 나의 20대 중반이 멋죽남의 제게
웃으며 꺼내볼 수있는 한 편이 되오 남기를:)
                                    ᄺ기
                        2024.05.17.

목소리

나의 목소리에 대해 생각해 본 적이 있었던가. 나는 요즘 어떤 목소리로 말을 건네고 있었을까? 아이들을 만날 때 충분히 따뜻하고 다정한 어른의 목소리였을까? 세상에 일어나고 있는 일들을 말해주며 흥미롭지 않냐며, 나와 함께 이 어려운 세상들을 하나씩 이해해보지 않겠냐며 친절하게 손을 내밀었던가? 함께 호흡하듯 수업을 해보자. 세상의 온갖 신기하고 재미있는 것들을 알려주겠다는 마음으로, 호들갑스러운 목소리로, 신이 나서 수업을 하자. 그리고 충분히 시간을 내어 아이들의 목소리를 듣자. 말을 하는 세 아이의 목소리와 말을 하지 못하는 세 아이들의 목소리를 공평하게 듣자. 그리고 학교 밖에서는 우리 아이들의 목소리를 대신 내어주자. 나는 특수교사니까!

2023. 11. 24.
나와 아이들의
목소리를 생각하며

말을 하는 세 아이의 목소리와
말을 하지 못하는 세 아이들의 목소리를
공평하게 듣자.

따뜻하고 다정한 어른의 목소리가
귓가에 맴도는.

가끔 내가 올바른 방향으로 나아가고 있는지 의심할 때가
있다. 번번한 직장을 갖추지 못했을 때, 특히 우주 속의 작은 먼지가 된 기분이라고,
망망대해를 떠다니는 작은 돛단배 같다고 생각했다. 지금은 운이 좋게도 안정적인 회사의 직원으로서
소속감도 느끼고 돈도 벌고 여느 직장인과 다르지 않은 삶을 살고있지만, 어째 방향이라는건 정답이
없는것 같다. 지난해 나는 취업준비를 하던 시기보다, 아니 그때와는 다른차원의 방향을 겪었다.
나름의 꿈을 가지고 입사했던 것도 같은데 그 마음은 다 어디로 간건지 이 길은 내 길이 아니다, 라는 생각과
함께 진정으로 내가 원하는 것을 얻기위해서 포기해야 하는 모든것을 놓기 아까워 했다. 아닌 걸 알면서
쉽게 벗어나지 못하는 나를 내가 잘 알아서, 그래서 하루하루 애달라갔다. 어째서 어른이 되면 이런
고민이 불가피한것인지, 오직 하나의 길만을 바람직한 표상으로 간주하고 세뇌시킨 모든 사람이 미웠다.
결국에는 내 선택에 의한, 내 선택을 위한것임에도 그랬다. 지금은 팀을 옮길 기회를 잡아
새로운시작을 내딛고 있지만 여전히 방향성에 대한 고민은 뜰기만 할뿐이다.
결국, 어떤일을 할 것인지는 내가 어떤 사람이 되고 싶은가 와 떼어놓을
수 없는 질문이란 걸을 이제는 안다. 내가 무엇을 사랑하는지,
결코 포기할 수 없는 것은 무엇인지 찾는 행위야말로
옳은 방향으로 걸어나가는 방법일 것
이다. 아니 더 나은 내가
되는 방법일 것
이다.

번번한 직장을 갖추지 못했을 때,
특히 우주 속의 작은 먼지가 된 기분이라고,
망망대해를 떠다니는 작은 돛단배 같다고 생각했다.

계속 흔들리면서도,
내가 사랑하는 일을 찾고자 하는 사람.

나의 2024를 돌아보며,

안녕하세요, 저는   중환자실 간호사입니다.
이럴저럴 일들이 많았지만, 어찌저찌 입사해 일하다보니 295일이나 지나버렸네요. 간호사가 되고 가장 크게 다가왔던것은, '오늘'의 중요함 입니다. 저는 항상 어제를 보고, 후회하고, 미래를 위해 사는 사람이었어요. 하지만, 삶의 중간자가 될 수도 있는 곳에서 일하며 많은 생각을 했답니다. 나에게 당연히 오는 내일이, 누군가에겐 그 무엇보다 간절히 원하는 것일 수 있다는 사실을 알았어요.
이 삶은 유한하고, 저마다 다른 결의, 길이를 가지고 있습니다.
  저는 제 삶의 길이가 어떻던, 깊이있는 오늘을 살아가려 해요.
    누군가에게 희망의 하루가 될 수도 있는 날들을 살아가며
      어떤 마음을 가져야 할지 고민하는 간호사가
        되고 싶습니다.
          부디, 건강하세요!

미래를 향해 달려가던 사람에서,
오늘의 중요함을 소중히 여기는 사람으로.

사실 '올해 고마운 것'이라는 주제를 보자마자 숨이 턱
막혔습니다. 올해 '감사'라는 멋지고 좋은 감정을 잊고
살았기 때문입니다. 다른 사람에게 선물을 받거나 칭찬을
들었을 때에는 그저 고맙다고 연신 인사할 뿐이었습니다.
그러나 정작 저 자신에게 감사하다, 고맙다 느낀적은 없었습니다.
늘 스스로를 채찍질하고, 더 독하고 치열하지 못했던 저 자신에게
화만 냈습니다. 원망스럽고 후회되고 지난날이 마음에 들지
않아 늘 짜증만 내기 일쑤였습니다.

올해는 제가 목표한 바를 다 이루지 못했습니다. 다는커녕
해도 이루지 못했지요. 분명 될 거라는 확신이 있었는데
그건 자만과 오만이었나 봅니다. 상황과 환경 탓을 하며
목표를 이루지 못한 것에 대한 분노는 더욱 커져갑니다.
그럴수록 저 자신만 더 힘들고 지칠 뿐이었습니다. 부정적인 생각이
꼬리에 꼬리를 물어 제 자신이 한심하고 나약하게 느껴지기까지
했습니다.

2024 에게

고아운 것

그럼에도 불구하고 저는 포기하지 않았습니다. 목표를 이룰때까지 더 열심히, 치열하근 노력할 것입니다. 올 한 해 힘들었지만 어쨌든 버텨준 저 자신에게 고맙습니다. 과정도 힘들고 결과도 좋지 않았지만 결국 다시 일어설 수 있는 원동력과 강한 멘탈을 얻었습니다. 목표가 이리 쉽게 이루어지면 또 시시해서일까요. 잡힐 듯 잡히지 않는 기쁨은 언제쯤 찾아올까요. 하지만 주변인들의 행복과 안정에 저 또한 감사한 해이기도 했습니다. 쯤 이 글 보시는 여러분들도 힘든 시간을 보내고 계시다면 귀주의 토닥토닥을 건네고 싶네요. '감사'라는 감정이 참 오묘합니다. 쉽다가도 어렵습니다. 2025년에는 한없이 감사하는 인간, 그럴 일이 많은 인간이 되었으면 좋겠습니다. 다가오는 신년, 올해보단 더 행복, 아니 평탄하고 건강했으면 좋겠습니다. 모두가요.   12.27

— 라이팅룸에서 —

마음의 모양

저는 교사입니다. 학기 중의 제 마음의 모양은 잔뜩 쪼그라들어 있습니다. 관리자 눈치, 학부모 눈치, 부족한 내 수업역량에 대한 자책, 방학 만을 기다리며 강목에 관한 마음, 끊임없는 행사 등... 마음이 답답하고 집에 있어도 집에 가고싶어요. 그런데 라이팅중을 보전해 다른 사람들의 고민을 들어 보니 인생은 무척 상대적이고, 누구에게나 고통은 존재한다고 느낍니다. 내가 내 마음에만 갇혀있을 때, 가장 위험하다는 걸 깨닫습니다. 멀리서 바라볼 때 내 마음도 여유로워질 수 있다는 걸 깨닫습니다. 부풀어 올라 느긋한, 보기만 해도 흐뭇하게 웃음나오는 둥그란 마음의 모양. 남에게 따뜻한 말을 건넬 수 있고, 지지해줄 수 있고, 내 내면의 화에서 벗어날 수 있는 이 정도의 마음의 모양과 온도로 살아가고 싶다고 생각합니다. 고통이 없을 수는 없겠지만 마음의 모양을 유지해 나가보겠습니다. 넘치지도 부족하지도 않은 2025년의 고통은 나의 성장의 영양분이자, 낭만의 일종으로 받아들여 보겠습니다. 25.5세에 알도 시작해 이제 기세가 되는 나에게. 고통 다 괜찮다고, 조금 더 겁없이 도전해보라고 말해주고 싶습니다. 나와 내 주변을 살피며, 넓은 시각을 가진 어른이 되길 바랍니다. 열정을 잃지 않고 나의 업에 애정을, 자부심을 가진 어른이 되길 바랍니다. 스스로와 마주보게 해준 라이팅중 감사합니다.

누구에게나 고통은 존재한다고 느낍니다.

내 마음에만 갇혀 있을 때,
가장 위험하다는 걸 깨닫습니다

고통 속에서도
넓은 시각을 가진 어른이 되길 꿈꾸는….

**빠름 끝에
뭐가
있길래**

라이팅룸은 시끄럽고 바쁜 도시 서울의 한가운데 자리 잡고 있다.
술집과 노래방, 골목을 바삐 오가는 인쇄 트럭이 요란한 소리를 내는 을지로.
자신과의 고요한 대화를 위한 공간이 소란스러운 골목에 있다는 게 참 아이러니하다.

친한 친구가 말했다.
뉴질랜드에서 지내는 동안 라이팅룸이 생각났다고.
그 나라는 쓰는 풍경이 자연스럽고, 사람들이 느리고 단순하게 살아간다고 했다.
세대를 이어 운영하는 편지지 가게와 작은 문구점이 당연히 존재하는 곳.
서울에도 그런 오아시스 같은 공간이 필요하다고 이야기해주었다.

어제 있던 가게가 오늘 없어지고,
시간을 품어 낡은 동네는 재개발 대상이 되어버리는
잔인하게 분주한 서울.

다들 뭘 위해 자꾸만 빨리 가려 하는 걸까?
그 바쁨 끝에는 뭐가 남을까?
서울에서 느림을 이야기하려면
나는 어떤 분주함을 품고 살아가야 할까?

내 경우는 단단히 움켜쥐기 보다는
쓰다듬는 것을 좋아한다.

목포를 향해 곧장 달리기보다는
기분좋게 구불구불 돌아가는 길을 더 좋아하며,

누군가에게 금방 다가서기 보다는
다가가기 전에 잠깐 그사람 앞에
멈춰 서서 바라보는 것을 더 좋아한다.

또한
모든것에 능통한 자로 보이기보다는
어수룩한 자로 여겨지는것이 더 좋다.

— 느리게 산다는 의미, 피에르 쌍소

마음의 박자가 빨라질수록
시야가 좁아지고 미래를 부정적으로 생각하기 쉬워진다.
조급한 마음이 들 때마다 찾아 읽는 몇 개의 글이 있다.
따라 쓰면 이 문장이 문신처럼 머릿속에 새겨지는 것 같다.
좋은 문장들은 나를 가르치고 이끌어주는 선생님이다.

하지만 딱 한가지 직감적으로 알겠는 건,
내가 원하는걸 모른채로는 어떤 목표를 세워도
머지않아 다시 흔들린다는 것.
올해는 내가 가장원하는 가치, 살고자 하는
삶의 모양이 어떤건지 알아내야 한다.
그리고 그 결심으로 남은 시간들을 바치며
살아가고 싶다. 나는 어떤사람일까,
어떤 사람이 되고싶은걸까.
매일 사소하지만 가장 중요하고 근본적인
질문을 던져야지. 뭣이 중헌지 끊임없이 묻자.
그리고 내안의 솔직한 이야기를 있는 그대로 들어주자.
2021. 2. 9

어지러운 세상 속

나만의 자리를 찾자며

울며 다짐했던 순간.

혼자서도 잘 살고 싶다.

살아온 거의 모든 날들은 어딘가 속하는데만 급급했던 것 같다. 학교, 친구, 리사가 내 이름보다 앞에있으면 적은 힘으로도 나라는 존재를 설득시키기 참 편하니까.

어디에도 속하지 못했던 시간들엔 나에대한 부연설명을 하는 일이 버겁고 힘들었다.

그 때 나는 언제든 알맹이 중심이 없었다. 스스로 생각하지도, 결정하지도 못했다. 그래서 내가 진짜 하고 싶은 일들은 보잘것없이 여겼다.

내것이 아닌 일에 기대여 버린 시간은 돌아봐도 이젠 다시 그러지 않으리라 다짐한다. 더이상 의미없게 삶을 흘리지 않겠다 결심한다.

내 스스로의 힘으로 내가 좋다 여기는 일에 진짜라고 믿는 가치에 온전히 집중하며 살고싶어졌다.

그냥 사는거 말고, 딱 살고 싶어졌어.

2021. 6. 28. 月

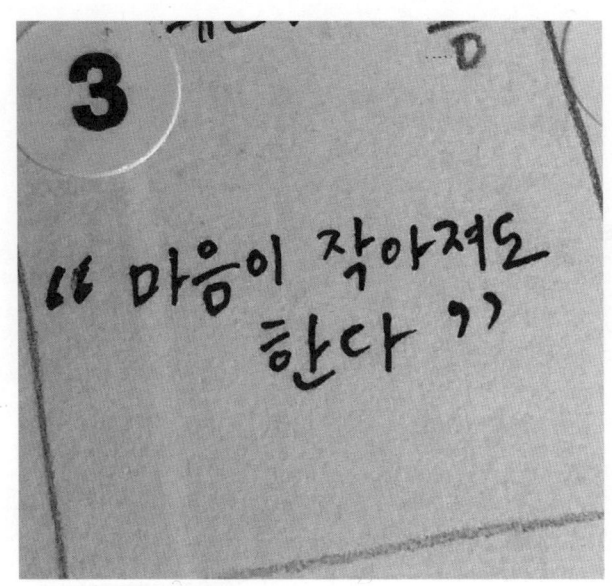

며칠간 머릿속에 남아 있던
어떤 책의 제목.
마음은 작아졌다가 또 커지기도 한다.

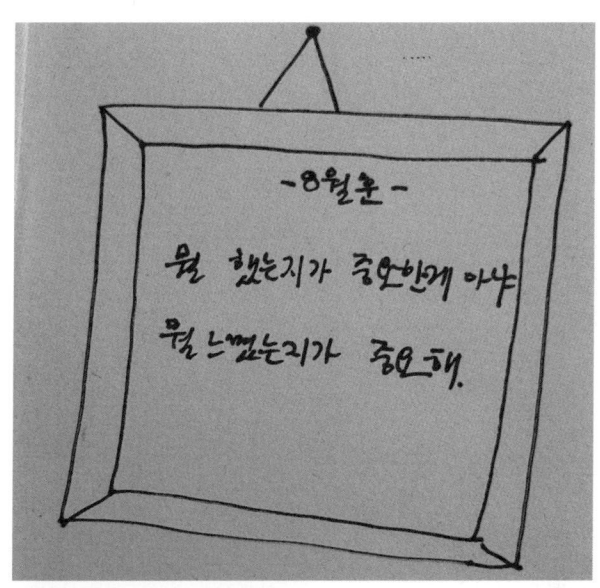

아무것도 한 게 없다고 느껴질 때
떠올려보는 문장.
조급한 마음이 금세 제 속도를 찾는다.

4장. 편지는 종이 위에 마음을 그리는 일

내 마음을 꺼내서 보여주고 싶을 때 편지를 쓴다.
기분을 조용히 가다듬고
상대를 향한 내 마음의 생김새를 가만히 그려본다.

마음의 색깔과 어울리는 단어를 찾아서
성질이 급해 놓치는 말이 있을까 봐
평소보다 느리게 글씨를 쓴다.

편지는 누군가에게
나의 가장 투명한 마음을 보여주는 일.
부끄러운 기분을 모른 척하고
종이 위에 마음을 그리는 당신을 보고 싶다.

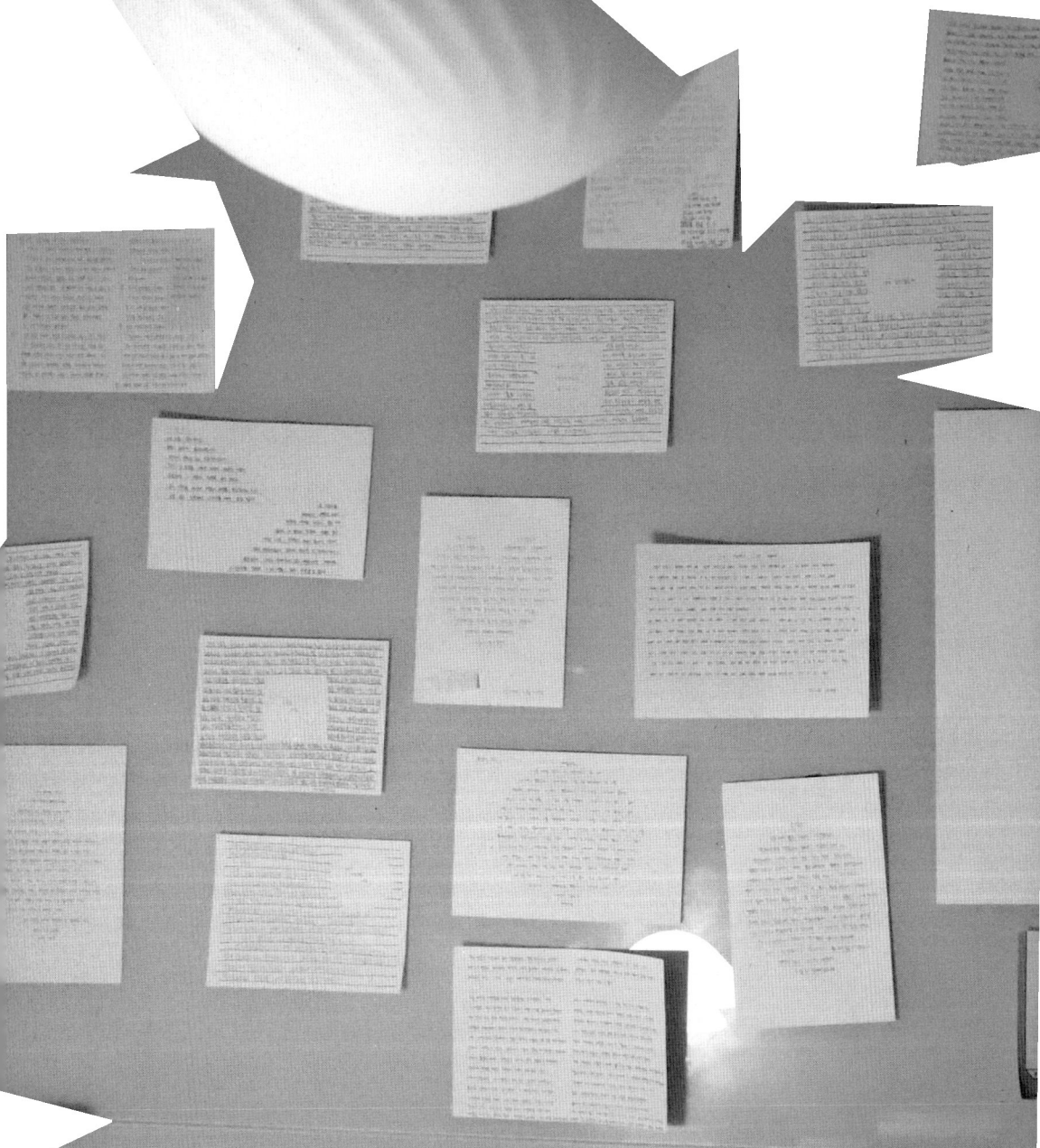

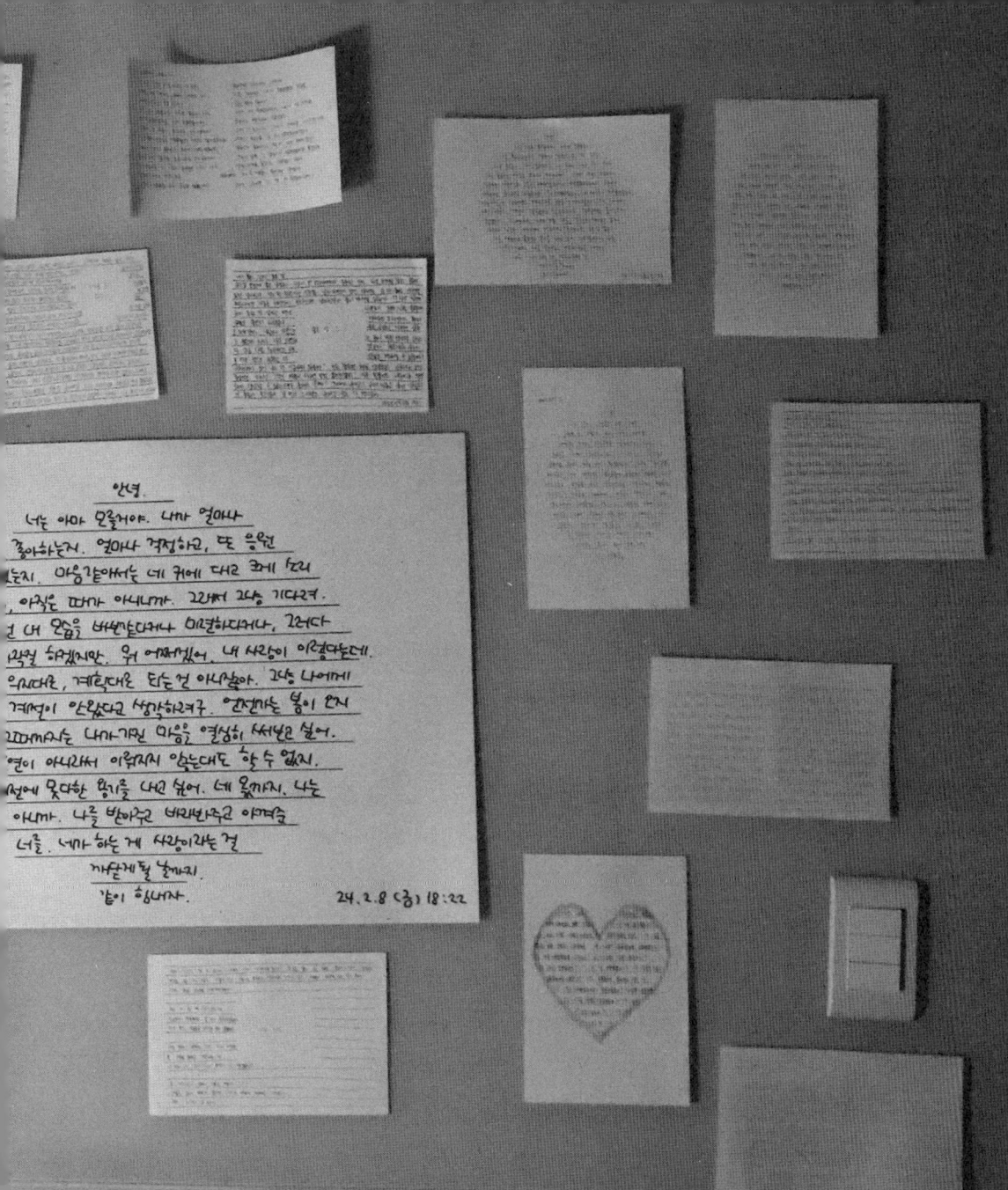

어머니. 제가 서 있는 여기 러서는 모든 것이 빠르기만 합니다. 구름도 빠르게 흘러가고 길을 유랑하는 길고양이의 발걸음도 빠르며 해도 빠르게 가라앉아 밤은 뚝뚝 더 빠르게 오는 것 같습니다. 지하철은 셀 수 없이 많은데 엉켜있는 노선을 어찌 그리도 빨리 달리는지.. 부수고 무너진 자리에 또 다른 터전이 생기는 건 모두 내가 잠든 밤 사이 이뤄집니다. 그래서 전 이곳에서 잠이 많이 줄었습니다. 잠에 들면 많은 것을 놓치는 것 같아, 어떤 때는 잠에 들지 않으려 애도 써봅니다. 앞서 가는 사람을 따라 뛰고 뒤돌아보지 않으려 합니다. 모든 것이 느린 제가 이 곳에서 언제쯤 적응하여 빨라질 진, 모르겠습니다. 아무리 뛰어도 느린 제 달리기 실력은 그대로 입니다. 어쩌면 저는 앞으로도 저 사람들을 따라 뛰어도 저 혼자 신호를 놓치고 숨을 고를지도 모릅니다. 오래 오래 살아내어 어머니를 뵈러 갈려면 방법은 그 뿐 일 것 같습니다. 나 잠든 사이 어떤 일이 일어나든 오늘은 일찍 잠들어 늦게 일어 날 생각입니다. 일어나 또 안부 전하겠습니다.

아무리 뛰어도 느린 제 달리기 실력은 그대로입니다.

앞서 가는 사람을 따라 뛰고 뒤돌아보지 않으려 합니다.

안녕! 1년전의 나에게

난 과거의 너야. 내 기억으로 너는 이맘 때 친구들이랑 스케이트 타러가고 코인노래방 가고 친구들과 시간을 많이 보내고 있었던 것 같다. 대학교 2학년 생활은 생각보다는 별거 없는거야 평소 수업듣고 과행사날땐 좀 밥도 먹으면서.. 그리고 여전히 예상치 못한 사람이 찾아온건데 너무 많이 기대지 말고 너의 많이 사랑하지 않았으면 좋겠어 난 가끔 생각해 너무 사랑해서 힘든 일이 많아지는것 같과 정작 너를 사랑해주는 사람들을 생각 못하고 믿지... 사랑할 남사친과 챙겨질 건 애인만 요즘들어 힘든 일이 많아지면서 이런 안좋은 이야기만 늘어놓게 되네..

지만 너를 사랑해주기도 바빠서 잘 안써나 충분히 이해도 해보려하고... 이제 먼내 얘기좀 해볼게 너는 참 결심인둔해진것 같이 과거가 다른 고정관념에 전혀 얽매였다고 너무 분명히 내 앞아도록 내가 네보다 1년 더 살아본 결과 우리는 너무 간절히 바라면 이루어지기 쉽지 않다는 느낌 지고, 결대로 돼나 포함에 이상 구으면 어떻게든 되더라 그대가 너무 걱정 하지마 우리는... 아직 일어나지 않은 일에 걱정부터 하는 습관은 이제 그만 !! 2024년도 잘 보내서 2025년 여름이 풍성히 즐거워~

2024.02.02

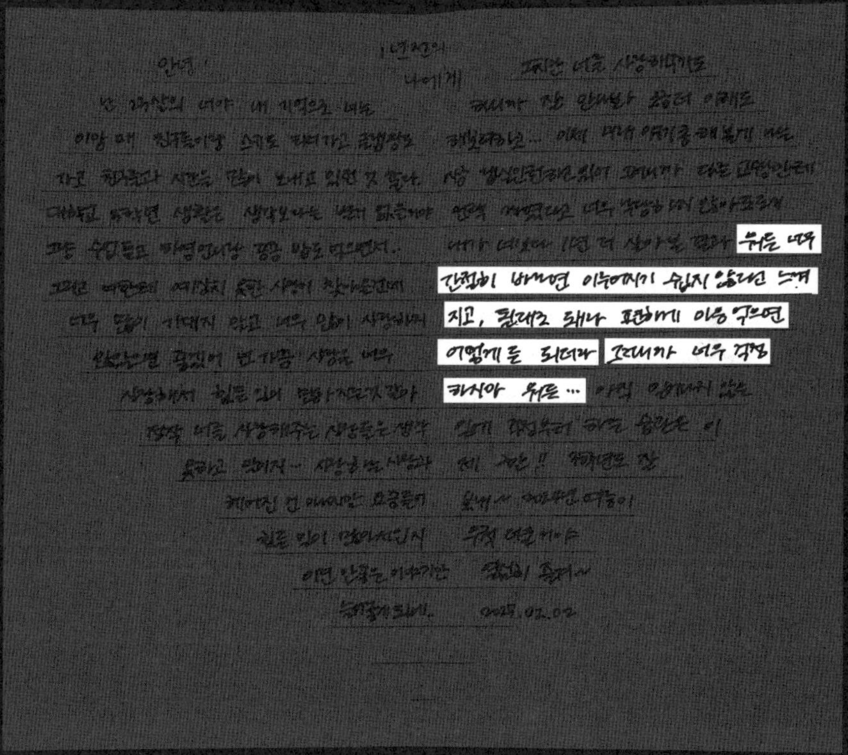
안녕
1년 전의 나에게
뭐든 너무
간절히 바라면 이루어지기 쉽지 않다는 느껴
지고, 될대로 돼라 편하게 마음 먹으면
어떻게든 되더라
그러니까 너무 걱정
하지마 뭐든 …

나를 여기까지

오래해준. 크든 작든 너무나 소중한 인연들에

글을 적고 싶었다. 삼재는 말그대로 3년이라는데

내 30대의 삼재는 5년에 가까운 시간동안 나를 관통해갔다.

영원히 벗어날수 없을것만 같은 길고 기나긴 터널이였다. 흔히 말하는

터널 끝의 희미한 불빛조차 보이지않은 그 시간들 어떻게든 더듬거리며

네발로 기어오다보니 어느덧.. 말그대로 어느덧 나는 다시 일상에 놓여있었다.

어둠에 오래있어 그토록 원하던 바깥세상이였는데 적응이 필요했다. 그러니까

일상에 놓여있긴 했는데 일상을 즐기는 것을 몰랐다거나 할까. 근데 어제 새벽에 갑자기

라이팅을 데이쉬 마음먹고 오늘 집을 나서여 마주한 가을의 끝자락에 미소짓는

나를 보며 많이 나아있음을 실감했다. 나는 이제 괜찮구나. 안도하는 마음이였다.

나의 안부를 챙겨주는 회사의, 제주도의, 대만의 너무나 소중한

인연들. 그리고 심리상담선생님에게 사랑을 담아 감사의 인사를.

그리고 여기까지 잘 와준 스스로에게도

애정과 응원을 보낸다. ♡

나를 여기까지
오게 해준 크든 작든 너무나 소중한 인연들에
글을 적고 싶었다. 삼재는 말 그대로 3년이라는데
내 30대의 삼재는 5년에 가까운 시간 동안 나를 관통해갔다.
영원히 벗어날 수 없을 것만 같은 길고 기나긴 터널이었다. 흔히 말하는
터널 끝의 희미한 불빛조차 보이지 않는 그 시간을 어떻게든 더듬거리며
네 발로 기어오다 보니 어느덧, 말 그대로 어느덧 나는 다시 일상에 놓여 있었다.
어둠에 오래 있어 그토록 원하던 바깥세상이었는데 적응이 필요했다. 그러니까
일상에 놓여 있긴 했는데 일상을 즐기는 것을 몰랐다고나 할까. 근데 어제 새벽에 갑자기
라이팅룸 예약을 마음먹고 오늘 집을 나서며 마주한 가을의 끝자락에 미소 짓는
나를 보며 많이 나았음을 실감했다. 나는 이제 괜찮구나. 안도하는 마음이었다.
나의 안부를 챙겨주는 회사의, 제주도의, 대만의 너무나 소중한
인연과 심리 상담 선생님에게 사랑을 담아 감사의 인사를.
그리고 여기까지 잘 와준 스스로에게도
애정과 응원을 보낸다.

일상에 놓여 있긴 했는데
일상을 즐기는 법을 몰랐다.

내 보물 1호 쫄랑이에게.

우리가 처음 만났던 2017년, 엄마가 내 생일선물이라며 널 데려왔을 때 나는 온 세상을 가진 것처럼 기뻤어. 그 작은 몸으로 졸래졸래 날 따라오는 네가 얼마나 사랑스럽던지.. 혹여나 아프진 않을까, 내가 고프지 않을까, 춥거나 덥진 않을까 걱정쟁이인 나에게 좀 귀찮은 주인이었을지도 모르겠어. 그래도 가족 중에 나를 가장 잘 따라주고 좋아해줘서 고마워.

안돌아준다고 삐져서 내 방 앞에 모든게 용서가 돼. 정말 귀여워. 고맙고 미안한 게 많네바. 이 글을 치모는지 모르겠어. (쿳쿳도..) 못해주고, 피곤함에 못이겨 놀아달라며 쏟아보고 기다리는 널 모른척하고

가끔 새벽에 짖어서 잠을 깨우거나 똥을 싼다거나 해도 귀여움에

쫄랑아, 나는 너한테 정말 쓴데 왜자꾸 눈물이

바쁘다는 핑계로 20분 산책도 내 앞에 장난감을 잔뜩 잠들었을 때.. 내가 많이

미안했을텐데 또 아무렇지 않게 내에게 과분한 사랑을 주는 네가 참 고마워. 많이 부족한 주인이지만 앞으로 언니가 맛있는 간식도 많이 사주고, 산책도 자주 하면서 너랑 행복한 시간보낼 수 있게 노력할게. 그러니까 제발 아프지만 말아줘. 오래오래 내 곁에 있어줄래? 훗날 네가 무지개다리를 건너는 날이 오더라도 강아지별에서 제일 사랑 많이 받은 강아지가 될 수 있게 듬뿍 사랑해줄게! 말로 표현할 수 없만큼 사랑해, 쫄랑ㅇ   2024.8.23   -둘째언니-

생각만 해도 눈물이 나는,
고맙고 미안한 것들이 한없이 떠오르는,
무조건 사랑하는 존재.

내 보물1호 사랑해♡

당신이 떠난지 3년이 다가오고 있어요. 3년이란 시간동안 저는 많이 변했고 많은 일이 있었던 것 같아요.

당신의 딸 이야기와 했던 낯설다 눈가에 배우자로 살아가는 삶에 더 깊이라는 법하다, 그만큼 믿고 의지하며

사랑하는 사람이 생겨 1인2역을 훌륭하게   제일 큰 변화이겠죠.

3년이 긴 시간인것 같은데, 체감으로는   3년장이 생활히 적지 않음

0개가 안된 것만 같아요.   그리움에 사무치다 행복했고,

                                              입 밖으로 내뱉지도 못하고 눈물부터

생각만 해도, 그 단어를 머릿속에 떠올릴 때마다   앞선다라 하면 뭐하지만. 받아들이고

나와요. 그래서 저절로 그리움의 감정을 넘어서   하지만 아직 같은 세상에 존재하겠는

평안을 청하내립니다.   보고싶으면 볼 수 없고

사이가 아니건 받아들여야 힘들데.

뭔가 일이켜 가늠이 어디에도 닿지 못하는데에도 제 머릿속에서의 10년을 뒤지시켜야은 존재한다는 것이 많지 않은 별

아예 작은 권총이 적으로 말할 수 있겠어요. 지금도 많이 살아있긴 아니지만. 영정앞에서는 항상 이야기해요.

앞으로 앞으로 당신의 딸로 살아가는 삶이다 누군가의 아내, 예비 엄마로 살아가는 날들이 더 많겠다 할지라도 엄마나 당신의 일이서

딸로 살아가는 순간들이겠죠. 마음속의 더 많은 역할을 하는 것처럼 실제로 대하는 모하지만 이번 생에서 당신의 딸로서

0해서어 마음속 대화는 성장할게요. 어디에도 이제 묵직 없는 2년전 '아빠' 앞의 생은 아빠의 딸로서 자랑스럽게, 부끄럽지 않는 딸로

살아갈게요. - 늘 보고싶고 그리워하는 하나밖에 안딸.   2024.11.19.(火)

당신이   보고싶으면   마음속 대화는 성장할게요

당신이 떠난 지 3년이 다가오고 있어요. 3년이란 시간 동안 저는 많이 변했고 많은 일이 일어난 것 같아요. 당신의 딸이기만 했던 날보다 누군가의 배우자로 살아가는 삶이 더 길 것이라는 변화와, 그만큼 믿고 의지하며 사랑하는 사람이 생겨 가정을 꾸렸다는 게 제일 큰 변화겠죠. 3년이 긴 시간인 것 같은데, 체감으로는 3년 전이 생생히 기억날 만큼 얼마 안 된 시간 같아요. 그리움에 사무치느라 힘들었고, 그 단어를 머릿속에 떠올릴 때마다 입 밖으로 내뱉지도 못하고 눈물부터 났어요. 그런데 지금은 그리움의 감정을 넘어서 안정이라 하진 못하지만, 받아들이고 평안을 찾았나 봅니다. 하지만 아직 같은 세상에 존재하는 사이가 아닌 건 받아들이기가 힘드네요. 보고 싶어도 당장 볼 수 없고 목소리가 잊혀져 가는데 어디서도 듣지 못한다는 게요. 제 머릿속에서 기억을 유지시켜야만 존재한다는 것이 믿기지 않을 뿐. 이제 조금은 괜찮아졌다고 말할 수 있겠어요. 지금도 많이 살아온 건 아니지만, 당신 앞에선 항상 어리겠죠. 앞전에 말한 당신의 딸로서 살아가는 삶보다 누군가의 아내, 아이의 엄마로 살아가는 날들이 더 많겠다 했지만 언제나 당신의 앞에선 딸로서 살아가는 순간들이겠죠. 마음속으로 우리 많은 대화를 하는 것처럼 실제로 대화는 못 하지만 이번 생에서 당신의 딸로서 언제든지 마음속 대화를 신청할게요. 어디서도 이제 부르지 못하는 그 단어 '아빠'. 남은 생은 아빠의 딸로서 자랑스럽게, 부끄럽지 않은 딸로 살아갈게요.

– 늘 보고 싶고 그리워하는 하나뿐인 딸 MJ.

1년전의 나에게
해주고 싶은
이야기

나에게.

방황하고, 흔들렸을 1년전의 오늘은, 1년 후인
지금의 내가 있게 해준 가장 멋있는 오늘일거야. 글을 좋아하던
내가, 바쁜 현실에 부딪혀 글도 멀리하고 정신없이 뛰어다니고 있겠지?
그저 하루하루 지나가길 간절히 기도하며 말이야. 1년만 하고 때려치울거란
지금의 직장에 머무른지도 어언 3년이다. 대견하다고 스스로에게도 다독여줄수 있는
그런 내가 되었음 해. 집에서 너무 많이 울지 말고, 사람도 만나고 풍경도
겪어보면서 그렇게 윤한 나중에도 그날의 행복을 느낄 수 있었으면 좋겠다.
미리 얘기해주자면! 1년 뒤의 넌 부여에서 누나 손 별을 수 있는, 그런 1인뿐 0명을
해내고 있는 멋쩍쩍한 직장인이다!. 때론 너무 자만해서도 안되지만, 위축되지 말란
말을 전하고 싶었어. 맛있는 거 먹으면서, 좋아하는 음악도 들으면서, 산책하다
만난 고양이들과도 어울리며 그렇게 1년 보내보자. 잘 버티고 있어줘서
매일, 매 순간 최선을 다해줘서 그저 고마워. 오늘의 난
너를 많이 사랑하고 있다고 말해주고 싶다. 안녕!

2024. 11. 12

지금의 내가 1년전의 나에게 너를 많이 사랑하고 있다고 말해주고 싶다.

1년 전의 나에게
마냥 커다란 행복을 느끼길 바라기보다는,
많이 울지 않고 우울한 와중에도 그날의 행복을 느낄 수 있길 바란다.

2024. 10. 03

아빠의 에게

To. 아빠

아빠, 저 둘째딸이에요.
아빠랑 가장 친한 가족이기도, 동시에 가장 많이
부딪히기도 한 가족이 저잖아요.

오늘은 아빠한테 지금까지 하지 못했던 이야기들을
해볼까 하고 이 편지를 써요. 제가 육성으로 말할 용기가 없어서
아마 아빠는 평생 모르겠지만요

저는 '아빠'라는 단어를 떠올릴때 사랑하면서도 동시에 미운 마음이 들고, 무서우면서
동시에 안타깝다는 마음이 들어요. 어떻게 이리 상반되는 감정이 드는건지 신기해요.
저도 아빠가 그동안 어떻게 살아오셨는지, 아빠는 어떤 사람인지 나이를
먹을수록 참 더 알기 어려운 것 같아요. 그리고 그래서 더 아빠를 이해하려고
노력했었어요. 이젠 근작 1-2주에 한 번씩 만나지만 아빠, 아빠가 생각하시는
것보다 저희 삼남매 각자 열심히, 치열하게 살아가고 있어요. 철 없는
어린애들이 더 이상 아니에요. 그러니까 이젠 저희한테 미안한 마음 그만
거두시고 아빠 인생을 생각했으면 해요. 꼭 건강하게 저희 옆에 오래 있어주세요.
사랑해요.

사랑하면서도 동시에
미운 마음이 드는 당신에게.

사랑한다는 말을 전하며….

주는 것을 좋아하는 저는 많은 사람들에게 마음을 나누어줍니다. 간단한 안부, 다정한 말, 맛있는 음식, 작은 선물.
그들 역시 저에게 나름의 방식으로 마음을 나누어줍니다. 주는 것이 큰 즐거움을 주지만, 받는 것도 큰 행복으로
다가오는 걸 보면 저는 마음을 주고받는 것에 기쁨을 느끼나 봅니다. 하지만 가끔, 마음을 주고 받는 것이 힘들다는
생각이 들 때가 있습니다. 마음의 방향이 다르다고 느꼈을 때. 설령 마음의 크기가 같아도 방향이 다르다는 것을

알게됐을때, 그때는 세상에서

방향이 조금 다르다는 이유로

그 상황이 너무 어렵습니다.

풀 수도, 해결할 수 있는 것도 아닌데

마음은 머리와 멀어서, 생각한대로

가끔 마음이 조금 원망스럽습니다.

많은 사람들이 상처를 덜 받을 수 있을까요?

그건 장담이 아니라고 할지도 모르겠습니다.

마음.

마음이 제일 어렵습니다.

그 마음을 다시 거둬들여야 하는

마음은 문제가 아니기에

마음은 어렵습니다.

바꾸지 못하기 때문에 마음이겠지요.

생각한대로 움직일 수 있다면

그래 도 생각한 대로 움직인다면

서로가 같은 마음을 가지는 것은 정말 어려운 일인 것 같습니다. 그래서 사랑을 기적이라고 하는 건가봐요.
방향으로 보면 단순하지만 그 안에 무수히 많은 점들이 하나의 선을 이루어 둘을 연결시키는 것이니까요.
저는 유독 마음을 어려워하는 것 같기도 합니다. 생각이 많아서라고 생각했는데 애초에 틀린 말이었네요. 생각으로 마음을
이해하려하니 어려울 수밖에요. 제가 사랑을 어려워하는 ❤ 이유도 같겠네요. 마음이 어려우니 마음으로 시작하는 사랑도 어려울테지요.

편지는 종이 위에 마음을 그리는 일

서로가 같은 마음을 가지는 것은 정말 어려운 일인 것 같습니다. 그래서 사랑을 기적이라고 하나 봐요. 방향으로 보면 단순하지만 그 안에 무수히 많은 점들이 하나의 선을 이루어 둘을 연결시키는 것이니까요.
저는 유독 마음을 어려워하는 것 같기도 합니다. 생각이 많아서라고 생각했는데 애초에 틀린 말이었네요. 생각으로 마음을 이해하려 하니 어려울 수밖에요. 제가 사랑을 어려워하는 이유도 같겠네요. 마음이 어려우니 마음으로 시작하는 사랑도 어려울 테지요.

방향이 조금 다르다는 이유로
마음을 다시 거둬들여야 하는 그 상황이
너무 어렵습니다.

안녕 ████. 사랑하는 ████에게.

너의 마음을 분잡을 때, 나는 한 없이 아쉬웠을 느껴. 아마도 그럴거을. 내가 눈물보내도 너를 사랑하기 때문 않겠지. 너무 다행스러운 일이야. 누군가를 마음을 다해 사랑할 수 있다는거요. 오레 날이 아니라 바로 너라서 너무 다행이다. 요즘 어떻게, 잘 지내고 있니?

████아. 사실 난 요즘 내가 잘 지내고 있는지 잘 모르겠어. 맘이 출렁거리고 다. 많은 사람들을 만나도 좋은 날씨 잖아, 그래서 밖은 마음이 나가. 정처없이 걷고 때로 있고 좋아하게 될 것 같은 작업 하려고 들고 공원이나 동네 직감에 한 없이 앉아 하늘을 보내 기도 하지. 나한테 시간이 없는것도 아니고, 일은

운사장들도 아마 큰데 6m 있자. 내가 잘 지내고 있음
눈치에 대해 많은 얘기는 없는것도. 나를 잃지않고
잘 알고있는 상황에서도, 행복이 가득해서 자칫이
사랑이 흘러가버려 많않으면, 하고 생각하는 마음에
도 잘 지내고 있음에 대한 답도 섣불리 할 수가없어.
아, 너희 가족들 어때? 잘 지내고 있니? 밥은
잘 먹는지, 잠은 잘 자는지, 사람들과 잘 어울려 있는지.
아빠를 사랑하가 익숙하고 편안한 마음으로 받아들이고 있는지
너희 시간들이 궁금해. 혹시 너도 잘 지내고 있는지 모르겠지만
우리 또 만나자. 만나서 걱정없이 따뜻한 날을
함께여 여러 이야기를 나눠보자.
네가 잘 지냈으면 좋겠어. 진심으로. 44.05.19

너의 앓음 붙잡을때
나는 한없는 야차함을 느껴.

할머니. 나 또 답어. 할아버지랑 잘 있었어? 아영 또 훈났어?
음이장 이따도 잘 있어. 사선 요즘 좀 힘들어해어. 늘 다 아프다며 앓아눕고.
할머니까 살 좀 적겨쥐. 나도 잘 지내! 운동 열심히 하고, 잘 자고, 잘 먹어.
할머니, 아까까 이제 할머니보다 내가 더 많은 건?! 그래도 건강해. 할머니가 아직
좋아하는 거 많아, 음만 더 기다려. 나랑 더 오래 꼭 살아. 나 이제 성말 애들
낳다. 할머니 할아버지가 강낭 잘 느껴져서 좋아. 자주 안나러 가지 못해
미안해. 할머니 계실 때, 내가 TV에 나온 모습 꼭 보여드리고 싶었는데, 영화
개봉하면 같이 보고 싶었는데. 워가 급했을까? 할아버지가 보고 싶었을까?
나 이제 서른이 좋인데. 이제 내가 다 해줄 수 있는데, 너무 늦었다. 그치...
뭐 다 저비야 알지. 나 사선 할머니 마지막 인사 줄때, 화장실에서 혼자
엉껑 울었어. 나 이제 18살이었을까, 그때. 어른들, 너무 슬퍼해서, 어린애가
어른들 위로했어. 근데, 나도 그냥 그러워하고, 슬퍼할 걸. 사랑했었다고 이안했었다고
보 멀다고, 꼭 해달라고.   미안해도.. 건강한 딸 성공한 꼴, 건강한 더
좋은사람 끌. 그래도 좋은 일 생길 땐, 꼭 할머니가 함에 있어주라고. ♡ 사랑해.
나 여기까 가족들이랑 나날 더 보낸게.   다시 안녕. 그때, 귀여 또 써버려. 응응.

나 이제 사춘기 끝인데, 이제 내가 다 해줄 수 있는데, 너무 늦었다. 그치. 왜 다 지나고야 알까. 나 사실 할머니 마지막 인사 끝내고 화장실에서 혼자 펑펑 울었어. 나 이제 18살이었는데, 그때 어른들이 너무 슬퍼해서 어린애가 어른을 위로했어. 근데 나도 그냥 그리워하고 슬퍼할걸. 사랑했다고, 미안했다고, 보고 싶다고, 국수 해달라고. 미안해요… 조금만 덜 성숙할걸. 조금만 더 솔직해질걸. 그래도 좋은 일 생길 땐 꼭 할머니가 꿈에 나와주더라♡ 사랑해. 나 여기서 가족들이랑 시간 더 보낼게. 다시 만나. 그때 우리, 또 싸워ㅎㅎ

사랑하는 이에게

이제 문득 책인가 상상해봤어. 우리는 몇 장째리 재밌는 책을 읽다 보면 얼마나 더 남았는지 궁금해질때가 있잖아. 그만큼 지금 너와 함께하는 이 페이지 다시 말해 순간순간이 너무 즐겁고 행복한가봐. 지금 당장 결말은 신경쓰고 싶지 않아. 그저 너와 천천히 그리고 행복하게 책장을 넘겨 나가고 싶은 그런 마음이여야. 그렇게 지내다 보면 책 한권으로 끝나지 않고 2편, 3편까지 읽고 있지 않을까. 사소한 것에 힘들어하지 말고 너를 사랑하는 사람에게 기대며 순간순간 소중하게 지내길 바라는 내 마음이야. 너는 나를 행복하게 하고 살아가면서 더 많은 사랑을 할 수 있게 하는 사람이야. 세상의 모든 사랑과 행복 담아 편지를 써.

사랑하는 아이에게

어제 온 듯
책연가 성장해받아

우리는 몇 걸음씩
저만치 걷고 있다 보면

못마다 더 남았는지 궁금해질때가 많잖아 그만큼 지금 너와
함께라는 지금 당장 결말은 신경쓰고 싶지 않아. 을 즐겨
그저 너와 천천히 그리고 행복하게 책장을 읽지 않아
넘겨 나가고 싶은 그런 마음이야. 행복하게 책장을

넘겨 나가고 싶은 그런 마음이야. 그렇게 지내다 보면
책 한권으로 끝나지 않고 그땐 그땐 거기
읽고 있지 않을까 사소한 것에 힘들어 하지 말고
너도 사랑하는 사람에게 기대며 순간순간 소중하게
지내길 바라는 내 마음이야 너는 나를 행복하게 하고
살아가면서 더 많은 사람을 만 속 깊게 하는 사람이야

세상의 모든 사랑과 행복을 담아 편지를 써.

**살아 있다고
느껴지는 날에는
꼭 편지를 쓰자.**

어디선가 본 글이다.
'편지란 참 신기하다. 진심 없이는 그 작은 종이 한 장 채우기가 참 힘들다.'

덜컥 편지를 쓰고 싶다는 생각이 들 때가 있다.
내 마음을 타인에게 꺼내 보여주고 싶을 때다.

자주는 아니지만
내가 받은 사랑과 관심이 당연하지 않게 느껴지는 날에
아득한 마음을 뾰족한 연필로 생생하게 써 내려간다.

살아 있음을 느껴서 편지를 쓰는 걸까,
편지를 써서 살아 있음이 느껴지는 걸까.

편지를 써야겠다는 강렬한 느낌이 들 때는
잽싼 손끝이 게으른 마음을 이기게 두자.

(우리에게 편지란)

- 심의를 기울인 정성
- 어린시절 두번째보다 편한
- 오난-To.
- 감동
- 아끼는 사람
- 푸르른 마음
- 내 트림이 닿는, 애정 담긴 손
- 쉽게 전하지 못했던 마음
- 진심, 상대방의 답장
- 빨간 우체통. 우표·손글씨
- 입밖으로 꺼내지 못할 말들
- 정성과 진심
- 진중한 마음
- 안부
- 정성
- 그사람을 생각하는 마음
- 여기까지가 끝인가보오
- 사랑, 전해지는 신물
- 우체부 아저씨
- 진심을 담는 그릇
- 작지만 소중한 진심
- 생일날 가장 받고싶은 것
- 속마음
- 이벤트
- 장거리, 썸남
- 전달

편지의 다른 이름들.

- ✉ 마음을 울리는 것
- ✉ 표현
- ✉ 사랑하는 사람들
- ✉ 못다전한 마음
- ✉ 꾹 눌러담은 진심 된문각
- ✉ 용기
- ✉ 눈물
- ✉ 추억
- ✉ 정
- ✉ 색, 크기가 다양한 부두들
- ✉ 그리움
- ✉ 나의 손으로 쓸수있는 가장 아름다운것
- ✉ 상대에 대한 진심, 사랑
- ✉ 그마음
- ✉ 애정가득한 마음
- ✉ 어스름한 밤의 조용한 방
- ✉ 반가움
- ✉ 울리로 쓰는 릴릴안
- ✉ 훈훈한 마음
- ✉ 따뜻함
- ✉ 제로 좋아하는 선물, 1등 선물
- ✉ 이벤서책
- ✉ 너와 나의 저는 추억들
- ✉ 고전스러운 낭만
- ✉ 아이유
- ✉ 예쁜이놈
- ✉ 순수함
- ✉ 개성이 느껴지는 글씨체
- ✉ 마음가득 반성문

> 넘 행복하게해! 요즘 죽을것같이하는라
> 많이 힘들지? 이 시기가 지나면
> 아것도 넣거 아니었구나 할텐데.
> 지금 당장은 그렇게 생각하기 어렵지?
> 너의 낙성하게끔으로 불향한 계획이
> 있으신 하나님 아버지를 믿으며
> 씩씩하게 슬기롭게 이겨내자!
> 계속 기도할게! 넌 지금도 충분히. 멋져
> 너의 재연은 .똑똑하고. 기억해!
> 각종 선물이거는 않이 들었으면 좋겠다.
> 원래도 반짝 반짝 눈부시는 이 자리이
> 해면 더 반짝 반짝 빛나는 너 왼이
> 생각 나서 샀어! 나랑 커플해야 ㅋㅋㅋ
> 사랑해! 생일축하해! 널 만나게 해주신
> 하나님께 감사해. 사랑해 사랑해 ♡♡♡ -동현

나의 재산 목록 1호.

편지만큼은 절대 버리지 않는다.

어떤 편지는

죽어가는 영혼을 살리기도 한다.

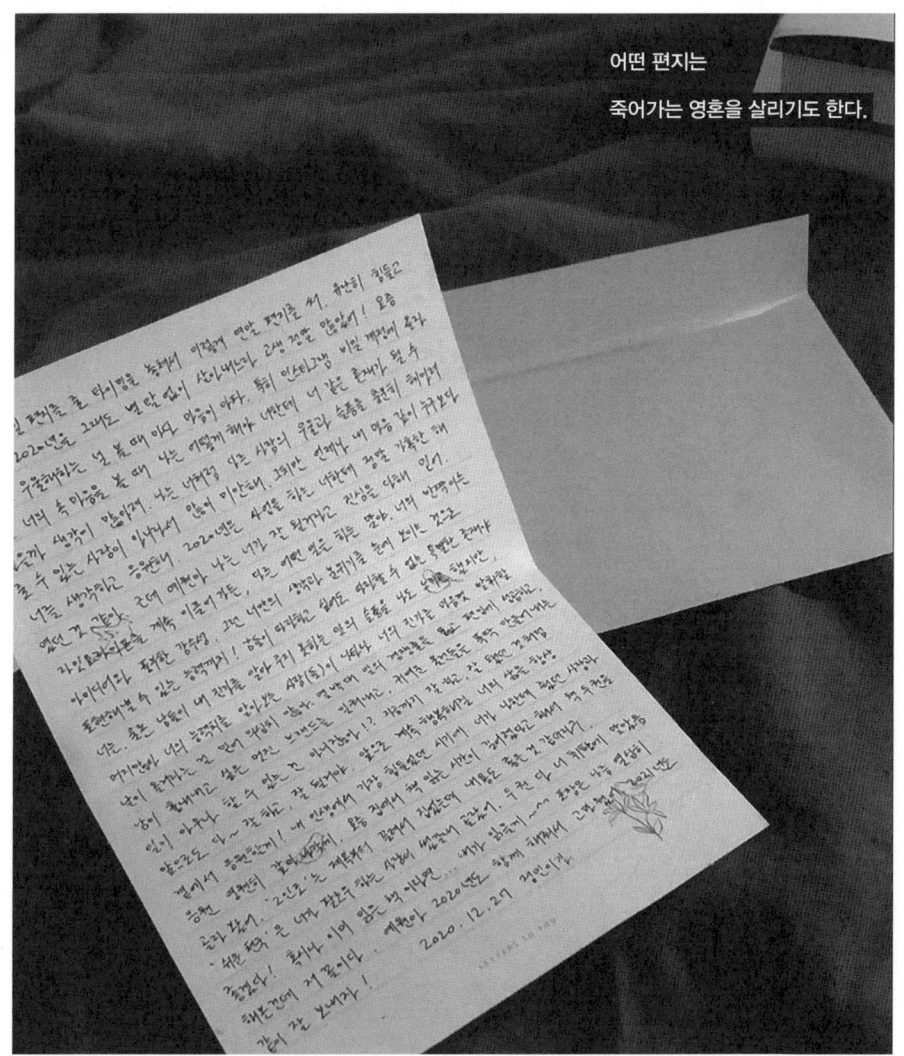

5장.   사랑이라는 계절

사랑이라는 계절의 날씨를 상상해본다.
설렘과 풋풋함, 달콤함과 씁쓸함
그리고 이별 뒤 아픔과 잊지 못하는 그리움까지
맑았다 또 흐려지는 날씨를 닮았다.

사랑이 사람에게 이렇게 큰 영향을 주는 단어인지
라이팅룸에 남겨진 기록들을 보며 깨닫는다.

사랑이라는 계절을
더 가까이 들여다보고 싶어졌다.

나는 2년 전 햇빛이 쨍쨍하던 무더운 여름 아래 우리의 모습을 아직까지도 잊지 못했어. 처음 본 건 아니었지만, 약속을 잡고 만난 데이트는 처음이었기에, 너와 마주앉아 떨리는 마음과 부끄러운 마음에 눈도 못 마주치고 손을 떨며 먹던 돈까스, 카페에서 내 신발을 뺏다가 신던 네 모습, 내가 준 네잎클로버 키링을 가방에 달고 웃으며 나에게 보여주던 네 모습, 영화관을 가는동안 웃으며 나에게 앞을 걷던 네 모습 전부를 아직까지도 기억해

특히 군산에서 돌아오던 기차 안에서 별거 아닌 장난에도 해맑게 웃어주던 네 미소가 너무 생생해. 아직까지도 그 미소를 잊지 못하는 걸 보니 나는 아마 그때부터 너를 정말 많이 좋아하고 있었던 것 같아. 나는 좋아하는 감정에 대해 잘 알지도, 어떻게 표현해야 하는지도 잘 몰랐었어. 내가 너무 서툴러 너에게 상처주는 말들과 행동들 했었던게 너무 후회가 돼. 생각해보면 나는 너를 만나는 내내 떨렸었어. 그게 독이 됐던 것 같아. 우리가 헤어지기 일주일 전에 네가 네 친구들에게 내 마음이 식은거 같다고 말했다는 얘기를 헤어지고 나서야 전해들었어. 근데 나는 우리가 연락을 하고, 사귀게 됐던 2년이라는 시간동안 너를 단 하루도 좋아하지 않은 적이 없었어. 비록 지금은 끝나버린 관계이지만 2개월이 지난 오늘까지도 네 생각을 하고있고, 단 하루도 너를 생각하지 않은 적이 없어.

내가 좀 더 성숙했을 때, 내가 좀 더 좋아하는 감정에 대해 알게 되었을때 너를 만났으면 어땠을까 라는 생각이 들어 아쉬운 오늘이야. 그치만 나는 너를 만나고 좀 더 성숙한 사람이 될 수 있었고, 나에 대해 좀 더 생각하고, 내가 좋아하는 일들이 원지 찾을 수 있게 됐어. 난 빛나던 네 모습을 본 받고 싶었나봐 너한텐 좋은 일만 가득했으면 좋겠어 가끔씩 내 생각도 했으면 좋겠고 ㅇㅇㅎ 늦게라도 좋으니 한 번쯤은 웃는 얼굴로 마주치고 싶다 :) 그때까지 잘 지내자 우리!

너에 대한 내 감정은 이곳에 잘 담아두고 갈게

- 24. 11. 10

우리 둘만 알던 작은 즐거움과
미처 나는 알지 못했던 너의 힘듦.

사랑에 대해 좀 더 성숙한 마음을 지닌
지금 널 만났으면, 우린 달랐을까?

내가 사랑에
빠졌을 때

나는 사랑에 빠졌을 때 '미괄식 인간'이 된다.
맛있는 음식을 먹으면 함께 먹고 싶어서 그가 생각 나고,
여행에 가서 멋진 풍경을 보면 이 황홀함을 나누고 싶어 그가 생각나고.
결국 생각의 끝은 항상 같다. '나는 그가 좋다.' 그래서 미괄식.
사랑이라는 결론에 도달하기까지 과정이 필요해 느리기도 하고
그 이후의 방향성, 목표가 뚜렷하게 없어서 내 자신이 답답할
때가 더 많다. 두괄식으로 사랑을 정의하고, 이후에 액션을
취하는 '두괄식 인간'을 부러워 하는 편이다. 사실 꽤 많이.
하지만 돌이켜 생각해보면 내가 사랑했던 이들은 모두
미괄식 인간이었다. 매사에 신중했고, 섣불리 판단
하지 않았으며, 성급하지 않고 여유로웠다.
기나긴 과정을 즐긴 후에 마지막 문장을
사랑으로 마침표 찍을줄 아는
사람을 사랑한다 -

사랑으로 마침표 찍을줄 아는 너를 사랑한다

매사에 신중했고,
　　　　　섣불리 판단하지 않았으며,
　　　　　　　　　　성급하지 않고 여유로웠던.

어느 겨울,
나에게 미안해하는 너의 모습에서
예전에 읽었던 책의 한 문장이 떠올랐다.
'너의 사랑할 수 있는 능력 한도 내에서 최선을 다해 사랑해
준거 알아. 고맙게 생각해'라는 구절이 이 상황에 딱 맞았다.
지금은 그를 다시 볼 수 없지만 새로운 겨울이 오면 꼭 말해주고 싶다.
"최선을 다해줘서 고마워." "더 노력하려고, 미안해 하지도 마. 충분히
네 마음 다 알아." 왜 표현하지 못했을까. 많이 부끄러웠을까. 네 덕분에
너무도 시렸던 겨울이 이제는 한 조각씩 녹아내리고 있다. 네가 보여줬던
사랑의 크기가 짐작할 수 없이 거대해서 늘 뭉클했고 행복했다. 너에게
나라는 존재는 어떤 계절이었을까. 나처럼 따뜻한 겨울일지,
살아 숨쉬는 봄이였을지 궁금하다. 유난히 포근한 겨울의
어느 날이 오면 늘 네가 생각난다. 너 또한 계절
의 한 부분에서 나를 찾게 되길 바란다.
고마웠어. 안녕.

어느 겨울,
나에게 미안해하는 너의 모습에서
예전에 읽었던 책의 한 문장이 떠올랐다
'너의 사랑할 수 있는 능력 한도 내에서 최선을 다해 사랑해
준거 알아. 고맙게 생각해'라는 구절이 이 상황에 딱 맞았다.
지금은 그를 다시 볼 수 없지만 새로운 겨울이 오면 꼭 말해주고 싶다.
"최선을 다해줘서 고마워.", "더 노력하라고, 미안해 하지도 마. 충분히
네 마음 다 닿아." 왜 표현하지 못했을까. 많이 후회스럽다. 네 덕분에
너무도 시렸던 겨울이 이제는 한 조각씩 녹아내리고 있다. 네가 보여줬던
사랑의 크기가 짐작할 수 없이 거대해서 늘 몽글했고 행복했다. 너에게
나라는 존재는 어떤 계절이었을까. 나처럼 따뜻한 겨울일지,
살아 숨쉬는 봄이었을지 궁금하다. 유난히 포근한 겨울의
어느 날이 오면 늘 네가 생각날거다. 너 또한 계절
의 한 부분에서 나를 찾게 되길 바란다
고마웠어, 안녕

꽁꽁 얼었던 겨울이 스르륵 녹아내리는 그 무렵 생각나는 사람.
유난히 포근한 겨울로 기억되는 사랑.

'혼자' 보단
'함께'가 갖는 힘

<u>사랑은 시간은</u>   <u>함께 보내는 것</u>
엄청나게 창의적인진 않지만... 나는 이 말이 좋습니다.
인간의 유한 함을 느낄수 있는데에 시간이 제일이라고 아니 유일
이라고 느낄 수 있습니다. 새벽까지 함께해준 사람들이
많습니다. 다시 그 사람들과 함께하고 싶다는 것도 나의
큰 원동력 입니다. 손바닥, 손가락, 지문의 융기로
꾹꾹 잡아줬어요. 나는 이제 집에서
자본 김강아지가 되어 더이상 집 밖에
시 잘 죽 모르고 싶어요. 해
질녘에는 언제나 맘께
있고 싶어요.

'사랑은 시간을 함께 보내는 것.'
엄청나게 창의적이진 않지만 나는 이 말이 좋습니다.
인간의 유한함을 나눌 수 있는 데 시간이 제일이라고,
아니 유일이라고 느낄 수 있습니다.
새벽까지 함께해준 사람들이 많습니다.
다시 그 사람들과 함께하고 싶다는 것은 나의 큰 원동력입니다.
손바닥, 손가락, 지문의 무게로 꾹꾹 잡아줬어요.
나는 이제 집에서 자본 길 강아지가 되어
더 이상 집 밖에서 잘 줄 모르고 싶어요.
해질녘에는 언제나 함께이고 싶어요.

사랑은 시간을 함께 보내는 것.
해질녘에는 언제나 함께이기를.

> 저한테 사랑이 굉장히 중요한 의미였다는걸
> 오늘에서야 깨달았습니다. 사람들이 우스갯소리로 사랑 우정이란
> 주제로 이야기를 하는데. 저는 둘 다 중요한것같아요. 헤어진 가슴이 찢어지는
> 고통은 사랑이 더 큰 거 같습니다. 우정으로 채워지지 않은 것들이 사랑으로
> 채워진듯하니.. 사랑이 조금 더 큰 힘을 가진 거 같기도 하네요. 저는 사랑
> 하는 사람을 만났을 때 가장 저다운 거 같아요. 아이처럼 찰싹 웃기도
> 하고, 울기도하고, 외로움을 앓이 타는 제가. 사랑을 할땐 공허함 없는
> 꽉찬 사람이 되는 거 같아요. 사랑하는 이와 이별 후, 다시 사랑할 수
> 없을 것 같은 두려움을 많이 느꼈습니다. 사랑하는 이와 평생을
> 함께 하고 싶은 저에겐 이별은 정말 몬 서연이더라구요.
> 허지만 이젠 이런 이름까지 사랑의 한 부분이라 믿으며 살아
> 가려고 합니다. 상대와의 인연이 거까지였다 스스로를
> 위로하면서 지내면 저다운 모습으로 다시 새로운사랑
> 을 할 수 있겠죠? 사랑은 참.. 물음표 투성이네요.
> 그럼에도 모두 사랑하세요. 사랑을 주고, 사랑을
> 받으세요. 어떤 형태다른 종의 모두를
> 사랑하며 행복해지시길 바랍니다.
> 너무 아픈 사랑은 하지마세요!
> ♥

나의 사랑은 물음표투성이더라도
모두 사랑하기를 바라는 마음.
너무 아프지 않기를 당부하며.

저한테 사랑이 굉장히 　　　　중요한 일이었다는 걸
오늘에서야 깨달았습니다. 　　　사람들이 우스갯소리로 사랑, 우정이란
주제로 이야기를 하는데 저는 둘 다 중요한 것 같아요. 하지만 가슴이 찢어지는
고통은 사랑이 더 큰 거 같습니다. 우정으로 채워지지 않는 것들이 사랑으로
채워진 듯하니 사랑이 조금 더 큰 힘을 가진 거 같기도 하네요. 저는 사랑
하는 사람을 만났을 때 가장 저다운 거 같아요. 아이처럼 활짝 웃기도
하고, 울기도 하고, 외로움을 많이 타는 제가 사랑을 할 땐 공허함 없이
꽉 찬 사람이 되는 거 같아요. 사랑하는 이와 이별 후 다시 사랑할 수
없을 것 같은 두려움을 많이 느꼈습니다. 사랑하는 이와 평생을
함께하고 싶은 저에겐 이별은 정말 큰 시련이더라고요.
하지만 이젠 이런 아픔까지 사랑의 한 부분이라 믿으며 살아
가려고 합니다. 상대와의 인연이 거기까지였다 스스로를
위로하면서 지내면 저다운 모습으로 다시 새로운 사랑
을 할 수 있겠죠? 사랑은 참… 물음표투성이네요.
그럼에도 모두 사랑하세요. 사랑을 주고 사랑을
받으세요. 어떤 형태라도 좋으니 모두를
사랑하며 행복해지시길 바랍니다.
너무 아픈 사랑은 하지 마시고요!

♥

불완전한 　　　　　사랑

예전에 제게 사랑은   붉은 빛으로 가득찬
빈틈없이 꽉 차고 빛나는, 그저 웃음나던 것이에요.
어쩌면 그리하여 완전하고 완성된 사랑에 집착했던 것 같기도 해요.

그런데 요새 느끼는 사랑은, 사랑의 실체는 '불완전함'이였어요.
가득차기 보단 구멍도 송송 나있는 것 같고, 구멍을 메꾸다
되려 울퉁불퉁 해지는 것도 같고. 서툴고, 어렵고.
때론 넘어지기도, 때론 고갈되기도 하는. 사랑.
그럼에도 결국 사랑이어서
서로 놓지 못하고 품어주는 것.

그래서 애틋합니다.
불완전한
사랑
이라서

-

완전하고 완성된 사랑에 집착했던 것 같기도 해요.

사랑의 실체는 `불완전함`

그럼에도 결국 사랑이어서
서로 놓지 못하고 품어주는 것.

앞으로 써보고 싶은 것

헤어진지 얼추일 됐어요. 맨날 술먹고 밥도 안먹고
집에 쳐박혀 있다고 친구가 데리고 나와 줬어요.
처음엔 내가 밖에 나가 돌아다닌다고 나아질까?
했는데, 신기하게도 그 친구에 대한 생각정리가
되더라구요. 역시 나는 소중히 대해주는 사람에게
잘 해야 겠다는 생각이 들어요. 아직은 많이
힘들고 아파요. 열 가나 생각났나 죽을 듯이
울어도 봤어요. 근데 생각해보면 저의 변덕스러운
성격을 받아준 제 유일한 사랑해준 그 친구에게
참 고마워요. 많이 미안하기도 해요. 아직 그
친구도 저의 안부를 묻는대요.

꼭 행복하라고, 잘 살아야 한다고 전하고 싶어요.
매일 아침 '일어났나', '밥 먹었나', '병원 같이 가자'
'사랑해', '보고싶어'는 이제 못 듣겠지만
그 친구의 안녕을 기원하고 행복을 묻는건
여전 할 것 같아요. 신기하게도 헤어지고 제 몸이
많이 아픈걸 알게 됐어요. 그래서 연락은 못해요.
짐이 될까봐. 제가 아직 많이 좋아해요.
앞으로도 좋아할거구 사랑할래요. 그 친구는 모르겠지만.
저는 그럴래요. 그리고 제 옆에 있어준
송 양 에게도 고마움을 표현 할게요. 워리 행복하고
남은 인들은 다 행복만 있기를 빌자. 고마워.
그리고 그 친한테는 많이 미안하고 나는 아직
정리를 못하겠어서 좀만 있다가 정리한다고
기다려달라고 전하고 싶어요. 많이 사랑했고 사랑한다고,,'

사랑이 끝난 걸 알지만, 내 마음엔 사랑이 남아 있음을.
사랑을 정리하는 시간에 아픔만 있지 않음을.

모든 이별은 가슴아프다. 죽어도 죽어도 나아지지 않는 슬픔이다.
나는 어렸을 때 꽤 오랫동안 함께 한 교생선생님이 가실 때도 그 이별이 아쉬워 집에 와 펑펑 울곤 했다. 우리 할머니가 치매에 자꾸 걸려 할머니가 갑자기 요양원에 들어가게 되었다며 같이 놀게 재밌었는데 이제 그러지 못해 속상하시다며 나에게 서운함을 토로하셨다.
할머니가 되어서도 이별은 슬픈 것이 맞다. 나이를 먹는다고, 이별을 많이 겪는다고 무뎌지는 것이 아니었다. 그 생각을 하니 더욱 슬퍼졌다. 올해 5년을 만난 사람과 이별을 했다. 온몸으로 슬픔이 몰려오는 듯 했다. 단 한번도 내 몸에 없을 거란 생각을 해본적 없었는데, 정말 쉽게도 놓이 되었다. 꽤 오랫동안 시간을 보냈다. 정말 많이 사랑했던 사람. 딱 그만큼 아팠다. 그 마음을 마음에 가지며 살아가기 내가 썩고있는 것 같았다. 나는 나를 지키려 그를 용서하기로 했다. 그럴 수도 있다고, 그럴 일도 있는 거라고 생각하며 나를 다독였다.
끝이 어떻게 됐든 사랑하는 동안 내 모든 행운을 끌어다 쓴 것처럼 행복했던 것은 사실이다. 나에게 많은 추억과 행복을 준 그를 응원하기로 했다. 나에게 거대하고 순수한 사랑을 떠부은 그에게 정말 고자하다. 내가 남을 그렇게 많이 사랑할 수 있다는 사실을 알려준 그에게 감사하다. 사실 아직 두렵다. 새로운 사람에게 또 많은 사랑을 줄 수 있을지, 또 그런 사랑을 받을 수 있을지. 하지만 새로운 사랑이 찾아온다면 난 최선을 다해 또 사랑할 것이다. 나를 사랑하며 그렇게 또 남을 사랑할 것이다.

2024. 09. 07 (土)

모든 이별은 가혹하다. 겪어도 겪어도 나아지지 않는 슬픔이다.
나는 어렸을 때 고작 2주 함께한 교생선생님이 떠날 때도 그 이별이 아쉬워 집에 와 펑펑
울곤 했다. 우리 할머니는 친하게 지내던 할머니가 갑자기 요양원에 들어가게 됐다며
같이 노는 게 재밌었는데 이제 그러지 못해 속상하다고 나에게 서운함을 토로하셨다.
할머니가 되어서도 이별은 슬픈 것이었다. 나이를 먹는다고, 이별을 많이 겪는다고, 무뎌지는
것이 아니었다. 그 생각을 하니 더욱 슬퍼졌다. 올해 5년을 만난 사람과 이별을 했다.
온몸으로 슬픔이 몰려오는 듯했다. 단 한 번도 내 옆에 없을 거란 생각을 해본 적 없는데,
정말 쉽게도 남이 되었다. 그를 미워하며 시간을 보냈다. 정말 많이 사랑했던 만큼, 딱 그만큼
미웠다. 그 미움을 마음에 가지며 살아가니 내가 썩고 있는 것 같았다. 나는 나를 지키려
그를 용서하기로 했다. 그럴 수도 있다고, 그런 일도 있는 거라고 생각하며 나를 다독였다.
끝이 어떻게 됐든 사랑하는 동안 내 모든 행운을 끌어다 쓴 것처럼 행복했던 것은 사실이니.
나에게 많은 추억과 행복을 준 그를 응원하기로 했다. 나에게 커다랗고 순수한 사랑을 알려준
그에게 감사하다. 사실 아직 두렵다. 새로운 사람에게 또 많은 새로운 사랑을 줄 수 있을지,
또 그런 사랑을 받을 수 있을지. 하지만 새로운 사람이 찾아온다면 난 최선을 다해 또
사랑할 것이다. 나를 사랑하며 그렇게 또 남을 사랑할 것이다.

나는 나를 지키려 그를 용서하기로 했다.

그래도 나가 사랑했던 사람들
에게 물어보고 싶은 것들.
1. 날 왜 좋아했나?
2. 내가 가장 사랑스러웠던 최악이었던 순간. 3. 지금
만나고 있는 연인은 어떤지 4. 내가 얼마만에 잊혀졌는지
5. 가끔 내생각이 나는지 6. 난다면 어떤 순간이?
7. 다시 만난다면? 8. 날 미워했나? 9. 나랑 하고
싶었는데 못한 것 10. 나한테 물어보고 싶은 것
11. 그냥 스쳐지나가는 연인이었나? 아니면 어떤 의미?
12. 나를 정말 사랑했나? 13. 내가
안 보고 싶나? ? ? ? ?
24. 4. 11
YJ

이야기는 끝이 났는데
답 없는 질문은 왜 계속 생겨나는지.

밥 먹었어?

오늘 내가 뽑은 카워드. 이 한문장은
딱 한사람을 떠올리게 한다. 우울증이 있었던 내
전남자친구. 그에게 내가 정말 자주 물던 질문이었다.
행복한 상태가 무엇인지 내게 물을때마다 행복은 별거없다며
사랑하는 사람과 마주보며 맛있는 밥을 먹는거. 그게 전부라고
했던 기억이 난다. 코치였던 그는 늘 혼자 밥을 먹는게 익숙했기에
난 늘 함께 있어주진 못했지만 "밥 먹었어?" 라는 질문으로 그의 끼니를
챙겼던 것같다. 그 순간만큼이라도 맛있는것을 먹으며 잠깐이나마
즐거운 감정이 들었으면 하는 마음이었다. 내 인생에서 모든걸
주고 그친구가 행복해질 수 있다면 내 모든걸 주고 싶을 정도로
많이 사랑했다. 언젠가 먼 훗날 기회가 된다면
나의 "밥 먹었어?" 한마디가 뭘 의미했던거였을지
깨닫는 날이 오기를 바라며.
늘 밥 잘 챙겨먹었으면!

그 친구가 행복해질 수 있다면

내 인생에서 모든걸 주고 살을 정도로

많이 사랑했다.

돌아가고 싶은 곳

누나를 처음 만났던 곳으로 돌아가고
싶어요. 사랑에 빠져본 적 있으실까요?
모든 잡히이 무뎌져 야무진 소리도 들리지
아니하고, 주변이 흐려지고, 단지 그 사람
만이 또렷하게 보이는 것. 정지된 화면 속
에서 생각만이 속도를 가진. 아, 나는 이
사람을 좋아하게 되었구나, 이 사람으로
인하여 나는 기뻐하고, 행복하고, 애달파
하고. 울컥하구나 하는 경험은요. 저는 처음
이었어요. 누나를 처음 만났던 그 순간을 저는
평생 잊지 못할 거예요. 그 때의 그 곳으로
돌아간다면요, 다시 저, 처의 시선으로요.
누나를 행복하게 해주고 싶어요. 망설이지
않고, 주저할 이유를 찾지 않고요.

그래서 그 누나죠. 지금 제 옆자리에
앉아있어요. 옷모습도 어쩌나 사랑스러운지!
라이팅룸은 누나가 같이 오고 싶다고 한
곳이에요. 그러니 어떻게 쉴 수 있겠어요.
창 밖의 구름과, 나무들도, 피아노
소리와 이 종이의 사각거림도, 블라인드를
배경으로 보이는 누나의 모습도요, 아주 오
래 제 마음에 남아 있을 것이에요. 나중
에는 오늘도 돌아오고 싶은 날 중 하루가
되겠죠. 미래의 돌아가고 싶은 곳이랄까요.
라이팅룸도 돌아가고 싶은 곳이죠. 하지만
역시 언제나 돌아가고 싶은 곳은 누나
곁이에요. 오래오래 행복해요 우리.
사랑해요 누나 ♥   2024. 6. 6.

우저할 이유를 찾지 않고

〈사랑 없는 연애〉

나의 세상을 궁금해하지 않는 사람에게
너의 세계는 뭐냐며 궁금해하고, 궁금해하고, 궁금해하고..
갑옷처럼 단단한 네 마음의 장벽 앞에서
나는 점점 무색해져만 가고
너를 좋아하는 마음은 또렷해져가
감정의 농도를 맞출 수 있다면
사랑이라는 싹깔의 물감을 전부 풀어버리고 싶어
너의 세계에.
나 좀 봐줘, 나 외로워, 나 좀 사랑해줘
난 너가 항상 궁금해
뭐 먹었는지, 아프진 않은지, 무슨 생각하는지, 어떤 미래를 꿈꾸고 있는지.
2024.04.20 토요일 15:59 오지 않는 답장을 기다리며.

어떤 평행우주에서는
서로의 세계를 똑같이 궁금해하는 둘이 있지 않을까.

사랑이란
마침표를 찍기 전까지
답을 내릴 수 없는 것

라이팅룸에서 가장 많은 부분을 차지하는 글의 주제는
바로 '사랑'이다.

사랑만큼 이토록 사람을
감성적이고 취약하게 만드는 게 있을까?

도대체 사랑이 뭐길래?

각양각색의 사랑이란 계절을 보냈지만
누군가 나에게 사랑이 뭐냐고 묻는다면
나는 정말 모르겠다는 답을 한다.

사랑에 대한 수많은 이야기를 읽을수록
사랑을 더 모르는 사람이 되어가는 기분이다.
나에게 사랑이란
마침표를 찍을 때까진 답을 내릴 수 없는 것이다.

엄마·아빠 늘 고맙고 미안해! 사랑해. 정말 많이

아직도 너가 워디하고 지내는지 궁금해
내가 너무 보고싶어 — 미안해.
나를 떠난다가 너무밉다가도 그냥 또 좋아져. 미안해.
기다리고 있을게 늦지않게 돌아와줘. 미안해.

- 왜 나를 거쳐가지도 않고 버렸어?

너도 더 나나 한 아이지   안녕한 네 어릴이었지!
                          나도 내 사랑이었어
너를 만난 시간에 대해 후회는 많이   사랑이 우리 오래되었어
다만, '나를 좀 더 생각하고 '내' 삶을 구려워했던
지난날들이 아쉬워

내 첫사랑이 되어줘서 고마워. 잠깐이라도 너를
행복하게 해줄 수 있어서 좋았어. 내가 힘들더라도
넌 꼭 행복하길 바래.

나를 좋아해줘서 고마워   너에게 처음으로
                        사랑이라고 해봤다
                        아픈것같았다
                        평생 이어하려다가
내 첫사랑 이기에   행복하자 (잊않았지만)

잘 지내? 최근에 너의 친한 친구가 갑자기 SNS
팔로우는 걸에 순간 네 생각이 났어. 아니, 사실
그때 많이 이래나 자주 생각하는 것 같아. 혹시,
너 대신 친구가 걱정되게 아닌지 대해 억양하게
돌려 싶더나. 한번쯤은 보고싶다. 그때 우리 너무
쪽쪽마 커어렸잖아. 그 이후 시대로된 사랑 해본적
없어서 너 그렇게 예쁜 것 같아.

• 사랑은 우리 삶에 꼭 필요할까요?

- 네, 사랑은 저를 안축단하게 만들더라구요.

- 사랑하고싶어서, 사랑받고싶어서 살아가요

내가 나 자신을 사랑하는 삶은
꼭 필요한것같아요. 그럼 또 다른 사랑하는
사람이 나타난것 같아요.

- 어떤 형태든
꼭 필요한 거 같아요.

- 사랑없이는 못하루 없어요.
부모의 사랑, 친구의 사랑, 보조군 사랑해주니,
않은 사람들이 나를 지지해주기에
또요. 앞으로도 못살수 없었요.

- 사랑은 (어떤 형태든) 사랑으로
채워지나자요   — 나 뭐바 많이 좋아했어!
- 네. 너무요.   하지만 이건 아니야.
                나에게 맞지 않는 사람이었어
- 반드시 그 무엇이라도   부정적으로 생각하지만안.

- 누군가를 사랑하지 않고는 이 세상이 너무 삭막해서
견딜수가 없어요.

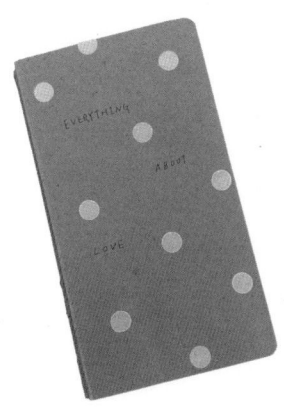

사랑에 대한 모든 이야기가 들어 있는 '사랑 노트'.
다른 사람들은 어떤 사람을 사랑하는지,
어떻게 사랑하는지 구경할 수 있다.

<u>만나면서 후회됐고 고쳤으면 했던 점.</u>

- 기념일, 생일, 가족 모는 날등 이벤트를 챙겨주지 않게 여김. → 기억 못한다던가, 그 날에서 알려준다던가.
- 바꿀 수 없는 것은 바라보지 말 것 → 돈 문제, 가족문제 등
- 불안족스러웠던 것들은 타인 (친구들) 앞에서 이야기함.
  → 이것들도 나의 가장 가까운 사람인데, 들어주는 것 X
- 단점들을 이해해주려 하지 않고, 헤어질 구실로 생각하고 다룸.
  → 나의 단점이 받아들여지고 싶은 만큼, 상대 에 더 부족함은 참고 보듬어줘야 함.
- 나의 결핍에 대해 털어놓고 이야기하지 못함.
- ~~~~~

- 눌리고 장반 계속 함
- 잘 웃어주지 못함.
- (잘했던 것?!)
- 힘찬 인사로 맞이하기
- 생일 최대한 챙겨주려고 노력함.!!! 내 취션 다함.
- 주변사람들 같이 만났을때 최대한- 노력.
- 좋아하는것 같이 하려고 노력함.

다음엔 더 나은 사랑을 하려고,
지난 사랑을 회고하며
스스로를 반성하고 칭찬했던 기록.

6장. 써야만 흘러가는 것들

불안이 나를 잡아먹으려고 할 때,
아무리 생각해도 나아질 수 없을 것 같을 때면
나는 종이 위에 머리를 파묻는다.
그리고 형체 없는 불안의 모양을 내 손으로 그려낸다.

지금에서 도망치고 싶을 때,
스스로가 한없이 싫어질 때,
종이 위에서 견디는 사람들이 있다.

괴로움이 끝나가기만을 기다리고 있다면
그저 조용히 빈 종이를 꺼내자.
아무도 읽지 않을 거라 안심하며
종이 위에 살며시 풀어놓자.

흐르는 잉크에 나의 어려움을
한 글자 한 글자 흘려보내자.

지금 나는?

어둠을 넘었다. 내 힘으로 결
코 넘을 수 없던 어둠을 넘었다. 어둠을 넘기로
아직한 광경이 눈부신 빛은 아니지만, 저기 저
멀리 새어나오는 빛 한 줄이 보인다. 저 빛을
온몸으로 감싸안으려면 얼마나 더 가야할까. 저기
까지 가는 길은 어떤 모양일까. 아무것도 알지 못하지
만 왠지 모를 설렘이 아른거린다. 지금 나는 어둠이 두렵지
않다. 나는 어둠이 두렵지 않다. 나는 어둠이 두렵지 않다.
나는 어둠이 두렵지 않다. 나는 어둠이 두렵지 않다.
나는 어둠이 두렵지 않다. 나는 어둠이 두렵지 않다.
나는 어둠이 두렵지 않다. 나는 어둠이 두렵지 않
다. 나는 어둠이 두렵지 않다. 나는
어둠이 두렵지 않다. 나는 어둠이
두렵지 않다.

지금 나는 어둠이 두렵지 않다.
나는 어둠이 두렵지 않다.
나는 어둠이 두렵지 않다.
나는 어둠이 두렵지 않다.
나는 어둠이 두렵지 않다.
나는 어둠이 두렵지 않다.
나는 어둠이 두렵지 않다.
나는 어둠이 두렵지 않다.
나는 어둠이 두렵지 않다.
나는 어둠이 두렵지 않다.
나는 어둠이 두렵지 않다.
나는 어둠이 두렵지 않다.

어둠이 두렵지 않기까지
당신은 몇 번이나 용기를 내야 했을까요.

지나간 일

'격어보니 별거 아니더라.'
다들 쉽게 하는 말이지만
아직 지나가지 않은 나에게는 전부다.
과정이 아름답다고 말하지만
과정을 지나고 있는 나에게는
넘어서야 하는 큰 벽이다.
그럼에도
지나고 보면 별 거 아니겠지.
다들 그랬던 것 처럼 나도 누군가에게
지나고보니 별 거 아니더라 말 해 줄 수
있는 깊이를 가진 사람이 되겠지.
그렇겠지.

지나간 일

답을 내릴 수 없는 생각들에 잠겨
슬퍼하고 있는 이 시간들도,
지나가겠지.
지나고 보면 별거 아니겠지.

9월이 끝났다.

2024년 들어 제일 우울했던 한 달이었던 것 같다. 자존감과 자신감이 넘치던 나였는데 나의 선택으로부터 오는 현실적인 걱정들과 미래불안함, 알 수 없는 자리까지…….

나답지 않는 모습이었다. 난 지난 달부터 해야할 일과 하고 싶은 일 사이에서 심한 두통을 앓았다. 하고 싶은걸 선택해서 하자니 내 미래가 너무 불투명했고, 해야할 일을 하자니 회사로 돌아가기 싫었다. 언제까지 나를 써먹고 "이제 나가주세요." 할지도 모르는 이 세상에서 난 어떤 선택을 해야 맞는걸까 혼란스러웠다. 다들 이러겠지만 현실적으로 다가오니 흔들리고 나의 쓸모에 대해 고뇌했다. 한 친구를 만나 이 이야기를 살짝 털어놓았다. 원래 같았으면 혼자 끙끙 앓았을 나인데 입밖으로 고민이 절로 나오는 걸보니 힘들고 우울해지긴 했나 보다. 친구는 지금 너의 시간이 나중에 성장의 시간이 될 거라고. 너무 미래를 계획하거나 생각치 말고, 지금 당장 네가 선택한 일에만 집중해보라고. 회사는 언제든지 갈 수 있는 너라며 용기를 불어넣어주었다. 그렇게 10월을 맞이했다.

대화를 하니 뭔가 가벼워진다. 그 말처럼 될 것 같다.

말은 씨앗이 되니까.

9월이 끝났다.

2024년 들어 제일 우울했던 한 달이었던 것 같다. 자존감과 자신감이 넘치던 나였는데 나의 선택으로부터 오는 현실적인 걱정들과 미래 불안함, 알 수 없는 자괴감까지… 나답지 않은 모습이었다. 난 지난달부터 해야 할 일과 하고 싶은 일 사이에서 심한 두통을 앓았다. 하고 싶은 걸 선택하자니 내 미래가 너무 불투명했고, 해야 할 일을 하자니 회사로 돌아가기 싫었다. 언제까지 나를 써먹고 "이제 나가주세요" 할지도 모르는 이 세상에서 난 어떤 선택을 해야 맞는 걸까 혼란스러웠다. 다들 이러겠지만 현실적으로 다가오니 흔들리고 나의 쓸모에 대해 고뇌했다. 한 친구를 만나 이 이야기를 살짝 털어놓았다. 원래 같았으면 혼자 끙끙 앓았을 나인데 입 밖으로 고민이 절로 나오는 걸 보니 힘들고 약해지긴 했나 보다. 친구는 지금 너의 시간이 나중에 성장의 시간이 될 거라고, 너무 미래를 계획하거나 생각지 말고, 지금 당장 네가 선택할 일에만 집중해보라고, 회사는 언제든지 갈 수 있는 너라며 용기를 불어넣어주었다. 그렇게 10월을 맞이했다.

대화를 하니 뭐든 가벼워진다.   그 말처럼 될 것 같다.   말은 씨앗이 되니까.

7년이라는 시간이 필요했던 이유는.

나도 삶은 참 의문이다. 잠깐 스치듯 지나간 인연이 어찌 이렇게 서글플 수 있는지. 주변 모두가 널 괴로워할 때 난 잠잠했었고, 주변 모두가 널 잊기 시작할 때 난 그제서야 너의 목소리를 떠올려 보곤 했다. 이제 마지막으로 너에게 미안하다는 말을 전하고 싶다. 미안한 것만 생각나고, 즐거웠던 것들은 모두 희미해져가서 괴롭더라고. 우선, 나의 우울이 가져온 이기심에 너의 우울은 돌여보지 못했어서 미안해. 나에게 넌 참 예쁜 꽃과 같은 사람이었어서, 그 뿌리가 메마른거 들여볼 생각조차 하지 않았다. 두번째, 끝이 얼어져가자던 짧은 약속, 시간이 지나고나서야 너의 약속이 마지막 인사문 뜻한다는 걸 알았다. 피곤하다는 이유로 미뤄버려서 내가 또 너의 이야기를 들어주지 못했다. 미안해. 내가 그 이후로 잠을수를 못 먹어. 세번째. 너가 남기고 간 것들을 많이 추억해두지 못해 이안해. 너가 거버렸다 한들, 내가 끝끝내 널 붙잡고 있다 한들, 시간은 빠르게도 흘러가더라. 이것저것 다 챙겨서 뛰고 싶었는데, 너무, 삶이 바빠서 잃어버린 것들이 꽤 많네. 이제 나는 여유를 찾았으니 더 잃어버리지 할게, 많이 기록해둘게. 이제 내 마지막 사과야. 내가 널 보내 기년이라는 시간 동안 미안해만 했던 이유는, 내가 감정에 어유가 없는 사람이었는 걸 모르겠다. 나는 이제 너가 바랬던대로, 어쩌면 행복한 사람이 되었어도. 그래서 부정보단 긍정만 생각하는 사람이 되었어. 널 웃는게 아니라, 널 행복하게 기려보려. 이제 널 나의 부정에서 꺼내고, 나의 행복으로 너의 평안을 물어보게. 나 이제 걱정 먹는다. 시. 할머니 돼서 또 만나주게. 푹 쉬어라 푹.

7년이라는 시간이 필요했던 이유들.

나도 실은 참 의문이다. 잠깐 스치듯 지나간 인연이 어찌 이렇게 서글플 수 있는지. 주변 모두가 널 그리워할 때 난 잠잠했고. 주변 모두가 널 잊기 시작할 때 난 그제서야 너의 목소리를 떠올려보곤 했다. 이제 마지막으로 너에게 미안하다는 말을 전하고 싶다. 미안한 것만 생각나고 즐거웠던 것들은 모두 희미해져가서 괴롭더라고. 우선, 나의 우울이 가져온 이기심에 너의 우울을 물어보지 못해서 미안해. 나에게 넌 참 예쁜 꽃과 같은 사람이어서 그 뿌리가 메말랐는지 들여다볼 생각조차 하지 않았다. 두 번째, 같이 먹으러 가자던 칼국수 약속, 시간이 지나고 나서야 너의 약속이 마지막 식사를 뜻한다는 걸 알았다. 피곤하다는 이유로 미뤄서 내가 또 너의 이야기를 들어주지 못했다. 미안해. 그 이후로 칼국수를 못 먹어. 세 번째, 네가 남기고 간 것들을 많이 추억하지 못해 미안해. 네가 가버렸다 한들, 내가 끝끝내 널 붙잡고 있다 한들, 시간은 빠르게도 흘러가더라. 이것저것 다 챙겨서 뛰고 싶었는데 삶이 바빠서 잃어버린 것들이 꽤 많네. 이제 나는 여유를 찾았으니 더 잃어버리지 않게 많이 기록해둘게. 이게 내 마지막 사과야. 널 보내고 7년이라는 시간 동안 미안해만 했던 이유는, 내가 감정에 여유가 없는 사람이었을지도 모르겠다. 나는 이제 네가 바랐던 대로 어쩌면 행복한 사람이 되었거든. 그래서 부정보다는 긍정만 생각하는 사람이 되었어. 널 잊는 게 아니라 널 행복하게 기려보려고. 이제 널 나의 부정에서 끌어내고 나의 행복으로 너의 평안을 물어볼게. 나 이제 칼국수 먹는다. 할머니 돼서 포장해갈게. 푹 쉬어라, 꼭.

어제의 나

요즘엔 아침이 반갑지 않았어요.
나를 인정하고, 사랑하는 방법을 몰라서일까요
쉽지 않더라고요. 우울함에 내쳐 있는
제 자신도 미웠어요. 어떡하지 어떡하지
영영헤메 되는건, 버티어 어느 전두엽과
시냅스의 연막 이상 없은 안아요. 하지만
세상에 그만큼 노력으로 되지않는 것들이
있었더라걸 배우게 된 날이었어요.
나를 있는그대로 느끼는것부터가 시작인가봐요
우울함도, 밝음도 모두 나였다고, 일단
납득하고 이해하는것부터 하는 날이였어요.

오늘의 나

"이 서랍들이 언제 끝날지 모르겠어서,
기나긴 터널의 끝이 어디일까 싶어서, 점쟁이를
찾아갔었어요. 생일이 지나면 괜찮아진다.
그 한마디만 기억하고 돌아왔죠. 사실 그런건
잘 믿지 않거든요. 그래도, 지푸라기라도 잡고싶은
그 마음에 갔었나봐. 전자 세상에 계신 선생은
제 이야기를 알고 있었을까요? 어쨋거나 수중잔고
한 50만원 우울함이 덜어졌어요. 오늘은 생일이라고 그런가
축하군받고, 힘든 사람도 있었구요. 의사직으로 노력
하는 저를 인정하고 대단하다 해주는 분께도
너무 감사하죠. 어제와 비교해보니 오늘은 그래도
살만한 날 같네요.

어쨋거나 수중잔고

한 50만원 우울함이 덜어졌어요.

내가 공황이 오다니. 왜? 이마저도 용납할수 없는 일처럼.

아파도 어른내게 '이겨내고 다시 일어나!'라고 스스로를 채찍질했다.

사실 몇해전부터 불안이 내게 계속 엄습하며 찾아왔다. 나는 왜

돈을 못모았지? 나는 왜 연봉이 낮지? 나는 왜 자차가없지? 나는 왜

차가없지? 나는 왜 인가가없지? 나는 왜 남들처럼 평범한 가족도없지?

오래 만난 친구마저 떠나버리고 나니, 내가 이상한가? 나는 왜 맨날 내인생

에서 내가 주인공이 아니고 타인에게만 맞춰서 살고있지? 더 강해져야해.

라고 생각해서, 악착같이 돈도 모으고, 시잡뛰고, 완벽해보이고 싶어서

운동도 열심히 해야돼! 라고 살아왔는데, 그것은 진정으로 내안에 있는

나의 내면의 목소리가 아니었나보다.. 내가 이토록 불안한 이유에 대해

처음으로 생각해봤다. 나는 늘 내인생이 더이상 일을게 남아있지 않기에

종종 그만 숨을 감고싶다'라는 생각을 자주했다. 그러면선 날 갉아먹으면서

삶을 살고있던걸보니. 내안의 나는 사실 이 삶이 너무나 간절하기에

살고싶어서, 불안한 것이었다... 간혹 누군가에게 기대고 싶다가도

2024. 9. 13 혼자여도 혼자라안 잘 시간보내보자 ♡

나 스스로도 나를 사랑하지 않기에 혼자 이겨낼수 있을것이라 생각하며

강박을 가지며 나를 통제했었는데,, 나 아파. 아픈거야. 몸은 괜찮다고

말해도 마음이 괜찮지가 않은거야. 라고 인정하고나서, 비로소 나를

돌아보게된다. 나는 무엇을 좋아하는 사람이지? 어떤걸 싫어하지?

진짜 남들에게 보여지고 싶은, 여유로워 보이고 싶은 타인의 눈이 아닌,

내가 진짜 누구일까? 나의 숨겨진 어린 아이와 같은 모습은 무엇일까?

사실 아직 나도 나를 잘 모르겠다... 다른사람들 눈치와 배려는

그렇게도 잘하면서 나는 나를 왜 모를까... 아차차. 또 자책금지..!!

감사하게도 비슷한 고통을 안고있는 사람들이 내게 해주는 위로가

따뜻하고 감사하다. 사람이 무섭지만, 사람이 곧 다시 나를 힘나게 해주는

그런 조력자가 되기도 한달까나.. 오툰 지인이 나에게 이렇게 말해주었다.

"내가 너라면 못버텨냈을거야. 그러니깐, 너 잘하고 있는거야. 너스스로에게

조금 칭찬을 해줘".. 정말로 내가 듣고싶었던 말이었나보다. 나 잘하고있는거야..

여전히 불안한 마음이 얽혀살고 있지만, 나잘 극복해낼거다, 건강하고 여유로운
　　　　　　　　　　　　　　　　　　　　　　　　　　어른이 되서
나와같은 사람에게 힘을 줄수있는 사람이 될수 있어..!! 난 날 믿어..

난 날 믿어..

머리를 잠깐 쉬고 온 마음을 다해 털어내려합니다.
인생이라는게 참 쉽지않네요. 고작 이십몇년 살았는데
고민과 스트레스에 숨이 막히는 일상에 예나 모님이나 하는
무려한 생각에 빠듭니다. 사실 전 감방이 심해요.
부정도 많고 편견축의 성향이 꽤 강하다 느끼며
문제점들을 많이 느낀정도랍니다. 영상히 산거같은데
'잘' 살아왔냐는 잘 모르겠어요. 세상 누구나 있는 명 안고
살아가지만 있다이런게, 나 혼자만 보이는 편 반복적 예민함에
남을 질투하고, 미워하고 그러고 있는 내 자신을 반성하며
지난것이 어떡하든 도망치고 싶은 마음이 가득 듭니다.
오늘 이 글도 제가 도망쳐서 쓰는 글이에요.
이 책에 들어오는 순간 부터 머리 줄을 쓰고 있는 동안
잠간 울컥 올라 오는 감정이 들었던

위로 받고 있고, 간접적이게 위로 받고 싶었다는 자각이
들어서 일지 모르겠습니다.
전 잘 살고싶어요, 성공하고싶고, 사랑받고 싶어요.
얕은은 마음받음 봉나가 나쁜 않는거 같아요.
남들의 시선에 예민한 거도. 스스로의 자존감이
낮은 거도. 끊임이 스스로를 재책받하고 못어때주는
성향으로 인해 자연만 둘러쌓이고 있다는 사실은
안정하게 이야기해 해대고 있는 점은 나쁜 없습니다.
나이가 좀 더 들면 괜찮아 지겠죠..
정말 원치않이 쓰고 있는 글이 마음에 들지 않다고
느껴도 제가 지워주지 못하겠죠 ~~그럴꺼~~

마지막 결과에 저는 결국 제 자신을 사랑하고 있어 얼마에
느껴져 힘들이 남기 같아요..

머리를 질끈 묶고 온 마음을 다해 털어내려 합니다. 인생이라는 게 참 쉽지 않네요. 고작 이십몇 년 살았는데 고민과 스트레스에 숨이 막혀오는 일상에 에라 모르겠다 하고 무작정 서울에 왔습니다. 사실 전 강박이 심해요. 욕심도 많고, 완벽주의 성향이 과할 정도라 오히려 무기력함을 많이 느낄 정도랍니다. 열심히 산 것 같은데 '잘' 살아온 건지는 모르겠어요. 세상 누구나 고민을 안고 살아가지만, 인간이란 게 나 힘든 것만 보이는 본능적 이기심에 남을 질투하고, 미워하고, 그러고 있는 나 자신을 발견하면 자괴감에 어디론가 도망치고 싶은 마음이 가득 듭니다. **오늘 이 글도 제가 도망쳐서 쓰는 글이에요.** 이 공간에 들어오는 순간부터 여러 글을 쓰고 읽는 중간중간 울컥 올라오는 감정이 드는 건 위로받고 있고, 간절하게 위로받고 싶었다는 자각이 들어서 일지 모르겠습니다. 전 잘 살고 싶어요. 성공하고 싶고, 사랑받고 싶어요. 아직은 미움받을 용기가 나질 않는 것 같아요. 남들의 시선에 예민한 것도, 스스로의 자존감이 낮은 것도, 끝없이 스스로를 채찍질하고 몰아세우는 성향으로 인해 가면만 두꺼워지고 있다는 사실을 인정하기 어려워 헤매고 있는 젊은 나날입니다. 나이가 조금 더 들면 괜찮아질까요…. 지금도 두서없이 쓰고 있는 이 글이 마음에 들지 않는다고 느끼는 제가 자유롭지 못하다고, **마지막 줄까지 저는 결국 제 자신을 사랑하고 있지 않음이 느껴져 눈물이 날 것 같아요….**

제목 쓰는 〈이유〉

상아색의 만년필를 샀다.
나의 새빨간 다이어리에 내 인문 문제들을 거침없이 적어내려가지.
그렇다면 의문이 들 수도 있다.
적으려고 적기만 하면 나아질까? 달라지는 게 뭐묻까?
사실은 없다
그래도 나는 적는다
수출 중독이 글과줄 한땅한땅 새겨가다보면
아주 새삼스러운 것들로 깨닫게 된다
가령, 해결되지않은 이 문제가 사실은 해결이 되지 않아도
괜찮다는 것을 말이다.
담담히 적어내려가다보면 내 마음의 무게가 잉크에 담아
아주 미세빨지라도 조금은 가벼워지고, 그러면 또 편안해지고.
위안이 되고, 또 행복이 되고.
그래서 나는 오늘도 적는다.

글을 쓰는 〈이유〉

상아샘의 인스타를 봤다.
나의 새빨간 다이어리에 내 있으면 문제들을 거침없이 적어내려가자.
그렇다면 의문이 들 수도 있다.
정리만 적기만 해서 나아질까? 달라지는 게 있을까?
사실은 없다.
그래도 나는 적는다.
우측 통도의 글자를, 깜깜한 담 세겨가다 보면
아주 새삼스러운 것들도 깨닫게 된다
가령, 해결되지 안아도 이 문제가 사실은 해결이 되지 안아도
괜찮다는 것을 말이다.

담담히 적어내려가다 보면 내 마음의 무게가 잉크에 닿아
아주 미세하지라도 조금은 가벼워지고, 그러면 또 편안해지고.
원인이 되고, 또 행복이 되고.
그래서 나는 오늘도 적는다.

괜찮아졌다고 말한지는 꽤나, 제법 오래 전이었습니다.

작년, 나를 잃어버린 경험을 하고, 입버릇처럼 괜찮다고 했던 시간도 있었습니다.
나를 되찾고, 강사한 선생님을 만나 나를 사랑하는 법을 이제 조금은 알겠습니다.
좋은 사람들이 곁에 있었고, 또는 좋은 사람들이 곁에 많이 생겼습니다.
정말 괜찮아졌습니다. 그럼에도 비명장에 있던 우선는 적지 못했습니다.
읽고 싶은 책의 list, 오늘하루 운동기록, 연설 일들 여러 메모 사이에 있던
우선는 애써 모른척 지나쳐왔습니다. 왜 그런 것일까요. 쓴 날짜로 어떤 시간대였는지도
잘 기억이 나지 않습니다. 긴 고민도 하지 않았습니다. 가볍게 지웠습니다.
작년, 매일 매일 그 메모 속, 우선를 읽고, 또 새겨며 보냈던 시간들이
하루하루, 우선를 몸을 이끌며 보냈던 시간들이, 이제 제게는 망설임 없이
지울 수 있는 순간이 되었습니다.
이 순간까지 많이 달린 제 자신, 나의 우울을 이야기해준 선생님,
내가 덜어놓을 수 있을때까지 묵묵히 기다려준 친구들, 지금의 나를 누구보다 사랑해주는
지금 내 옆에 있는 허 댕댕이까지. 괜찮아진 목소리를 알아채는 부모님까지도.
아-즉- 사랑합니다. 사랑 가득한 삶을 앞으로도 누리겠습니다.
0518

괜찮아진 목소리를 알아채는 주변 사람들에게,
사랑한다고 말할 용기.

현대인은 누구나 힘들고 아프다. 그렇게 생각했다. SNS 속에 보여지는 남들을 보며, 나의 아픔은 숨기고 좋은 부분만 짜깁기해 업로드했다. 사람들과 잘 어울리는 나. 행복한 나. 일상을 멋지게 살아가는 나. 근데 그건 진짜 내가 아니었다. 겉으로 보여지기에만 구역대니 나의 안쪽은 까맣게 타고 있었다. 타들어가는 줄도 몰랐다. 재가 되어 더이상 탈 것이 없어지니 그제야 멈추었을까? 속이 다 타고 이제는 용도 앗가져가니 나를 돌아보았다. 나는 망가져 있었다. 온통 재만 남아.

누구보다 건강하고 행복하다고 생각했다.

싶은 것이 있다. 난 나를 위하기 전에 상대의 감정, 나의 상황보다는 상대의

누가 그러더라. "뭘 하면 행복해?"

행복하기 위해 하는 것이 없었다.

내가 좋아하는 것. 내가 하고 싶은 것.

아픔. 상처.

인정하고 싶지 않았다. 나는 사실은 '건강하고 싶고 행복하고' 주변을 살폈다. 나의 감정보다는 # 상황. 그러다보니 나는 없었다.

··· 오래도록 대답할 수 없었다.

그래서 글 쓰기를 시작했다.

'나'를 위하는 것을 찾기 위해

시작한 이 짧은 글쓰기는 어느새 나를 행복하게 하고 있다. 한편으로는 불안하고 걱정되기도 한다. 아직은 '나'를 태우는 중인 것 같다. 스스로를 태워 '촛불'처럼 살기보다는 스스로 밝히는 '형광등'처럼 살아가는 건 어떨까. 멋진 일상을 살아가다가도 잠시 꺼져도 랜찮은 형광등이 되어 나를 태우는 것이 아니라 밝히는 존재가 되고 싶다. 이 글은 그 첫시작이 될 것이다. 내가 나를 마주하는 첫 순간.

@namju7ee

나는 까맣게 타고 있었다.

"뭘 하면 행복해?"

행복하기 위해 하는 것이 없었다.

그래서 글 쓰기를 시작했다.

형광등이 되어 쓰고를 밝히는 존재가 되고 싶다.

시간 사이에서 초조할 때

흔히 '현재를 살자'고들 하잖아요. 저는 그게 가장 어려워요. 저는 늘 과거 아니면 미래에 마음이 가 있거든요. 두 발을 단단히, 올곧게 땅에 붙이고 서서 지금을 사는게 가장 버거워요. 과거나 미래에 마음이 가 있으면 모든 것이 권태로워요. 모두 아는 이야기이거나 하나도 모르는 이야기를 살게 돼요. 하나도 모르다가 점점 전부 알게되는 지금을 살아야 한다는 걸 알면서도, 자꾸만 도망치고 싶어져요.

어쩌다 지금을 살게 되는 오늘이면, 아는 것이 하나도 없어 초조해져요. 초조함은 불안함과, 불안함은 우울함과, 우울함은 스스로를 한심하게 보는 것과 동치인 것 같아요.

조급한 마음은 스스로를 다그치고 이내 우울하게 해요.
'조급함' 도장을 쾅쾅 찍어서 스스로에게 던지듯 내밀면
'우울함과 함께 오는 눈' 콤보를 얻게 되는 거죠.

저는 언제쯤 주어진 현실을 마주할 수 있을까요?
외면, 변명, 우울은 쉬운데 직면, 최선, 기쁨은
언제나 어려워요. 그런데 쉬운 모든 것들은 제 삶을
더 어렵게 만들어요.

정

저는 언제쯤 주어진 현실을 마주할 수 있을까요?

2023. 12. 29

연말이 되면 연초의 저를 생각합니다. 1월에 뭐했더라.
2월엔 뭐했지. 그리 멀지도 않은 과거를 생각해내는게
왜이리 힘든지. 아내면 다 잊힐만 해서 잊혀진건지 늘
알 수가 없습니다. 무얼 했는지 한참 고민하다 백지 같은
머릿속에 백기를 들고 질문을 바꿔봅니다. 1월의 나는
어땠는지. 2월의 나는 어땠는지. 그 때의 나는 어떤
감정에 놓여 있었는지. 그러면 그제서야 무얼 했고, 어떤 시간을
보냈고, 얼만큼 지쳤었는지. 얼만큼 즐거웠는지가 흐린 하늘처럼 펼쳐집니다. 그리고 매년
똑같은 생각을 합니다. '결국 다 지난 일이 되는구나.' 하고 말이죠. 그때를 떠올리면 화가
나기도 하고, 서럽기도 하고, 억울할 때도 있지만, 그 때 당시 제가 느꼈던 만큼 화가 나지도,
서럽지도, 억울하지도 않습니다. 그때를 떠올리면 여전히 즐겁고, 웃음이 나고, 뿌듯할 때도 있지만
그때만큼 즐겁지도, 웃음이 나지도, 뿌듯하지도 않습니다. 결국 다 지난 일이니까요. 오늘, 지금 이렇게
연필을 들고 글을 써 내려가는 순간도, 기분도 결국은 지나갈 겁니다. 오늘의 고민도, 어제의 걱정도
언젠간 괜찮아질거고, 결국 또 지나간 일이 될 겁니다. 그렇게 생각하면 지금도 별로 무섭지않고, 내일도
무섭지 않습니다. 모든건 다 지나가고, 그 지나간 더미들 위에서 저는 언젠가 괜찮아질거니까요.

내가
깨달은 것은
언젠가 괜찮아진다는 것
결국 다 지난 일이라는 것.

내가 깨달은 것은
언젠가 괜찮아진다는 것. 결국 다 지난 일이라는 것.

연말이 되면 연초의 저를 생각합니다. 1월에 뭐 했더라. 2월엔 뭐 했지. 그리 멀지도 않은 과거를 생각해내는 게 왜 이리 힘든지. 아니면 다 잊힐 만해서 잊힌 건지 늘 알 수가 없습니다. 무얼 했는지 한참 고민하다 백지 같은 머릿속에 백기를 들고 질문을 바꿔봅니다. 1월의 나는 어땠는지, 2월의 나는 어땠는지. 그때의 나는 어떤 감정에 녹아 있었는지. 그러면 그제야 무얼 했고, 어떤 시간을 보냈고, 얼마큼 지쳤었는지, 얼마큼 즐거웠는지가 흐린 하늘처럼 펼쳐집니다. 그리고 매년 똑같은 생각을 합니다. '결국 다 지난 일이 되었네' 하고 말이죠. 그때를 떠올리면 당시에 제가 느꼈던 만큼 화가 나지도, 서럽지도, 억울하지도 않습니다. 여전히 즐거울 때도 있지만 그때만큼 웃음이 나지도, 뿌듯하지도 않습니다. 결국 다 지난 일이니까요. 오늘 지금 이렇게 연필을 들고 글을 써 내려가는 순간의 기분도 결국은 지나갈 겁니다. 오늘의 고민도, 어제의 걱정도, 언젠가 괜찮아질 거고 결국 또 지나간 일이 될 겁니다. 그렇게 생각하면 지금도 별로 무섭지 않고, 내일도 무섭지 않습니다. 모든 건 다 지나가고 그 지나간 더미들 위에서 저는 언젠가 괜찮을 거예요.

**어깨를
툭 떨구고 말한다.
'뭐 어쩌겠어.'**

이상하게도 라이팅룸을 오픈하고 나서가 내 인생에서 가장 우울하고 고통스러웠다.
그때 찾은 병원에서 의사선생님은 한참 동안 내 이야기를 들어주시더니
내가 어떻게 할 수 없는 일 앞에서는
어깨를 툭 떨구고 '그래, 내가 어쩌겠어'라고 생각해보라고 하셨다.

이 말은 바꿀 수 없는 일에 대한 나의 무력함을 인정하게 해준다.
내 손을 벗어난 일을 어떻게든 다시 잡아보려는, 고쳐보려는 고집을 꺾어준다.

'내가 자는 동안 라이팅룸에 불이 나면 어떡하지?'
'누군가 나를 흉보고 다니면 어떡하지?'
'망하면 어떡하지?'

공포감을 조성하는 실체 없는 상상이 시작되면
힘 들어간 어깨를 큰 숨과 함께 툭 떨구고 읊조린다.
'그래, 내가 뭐 어쩌겠어.'

힘들 때는 굳이 힘을 내려고 하지 않는다.
양손에 무거운 짐이 있다고 상상하면
짐을 바닥에 내려놓는 게 맞다.
힘들면 잠깐 내려놓아도 괜찮다고 말하는 사람이고 싶다.
남에게도, 나에게도.

‹ 모든 나의 iPhone ⋯

혼란스러움과 힘듦에는 아무렇
지 않아 하는 자세로
나를 지키기 위한 힘 기르기
변하지 않는 믿음
계속 이렇게 힘들 거라는 착각
버리기

❮ 메모

항상 같은 기분일 수 없고
같은 걸 봐도 전과 지금의 마음이 다를 수 있다.
그게 인간의 자연스러운 성질임을 안다.

수많은 오르내림을 반복하며 알게 된 것은
밝아지기 직전이 가장 어둡다는 것.
마지막이다 싶은 때도 절대 마지막이 아니며
지금의 힘든 순간이 절대 영원하지 않다는 것.

도망치지 않고 내 자리를 지키고 있으면
눈물나게 행복한 날도 만날 수 있고
흐드러지게 웃는 날도 만날 수 있다.

또 슬퍼할 어느 날의 나를 위해

과거의 내가 보내놓은 메모.

계속 이렇게 힘들 거라는 착각 말기.

잘 까먹고 의지가 약한

나 자신과 살아가는 방법.

> 비로소.
> 오늘에서야.
> 마음의 매듭이 조금씩 풀린다.
> 더 기다려보자
> 내 안의 사랑이 조금 더 목마를때까지....
>
> 8/21/수.

나 자신과 싸우고 화해하기를

반복하는 인생.

7장.   저마다의 속도로 살아가기를

한 사람도 똑같이 사는 인생이 없다는데
어떤 날엔 내 길 말고 남의 길을 걸으려 한다.
심지어 남의 보폭을 베끼려 한다.

토끼와 거북이 이야기에서 고치고 싶은 한 가지가 있다.
토끼와 거북이는 두 마리인데 목적지는 하나라는 섬.
우리의 삶은 경주를 하는 게 아니라서
각자 다른 목적지를 향해 각자 다른 속도로 걸어도 괜찮다.

생각보다 더 갈팡질팡해도 되는 게 인생이라고 느끼는 요즘이다.
어떤 날은 거북이처럼 느리게
어떤 날은 토끼만큼 민첩하게
우리 모두가 각자의 멋대로. 속도로 살아가기를.

내가 좋아하는 하루

침대에 가만히 누워 보고 싶은 영화를 보는 것, 사색에 잠기는 것.
아무것도 하지 않아도 걱정없는 것. 좋아하는 음악을 듣고 영화를 보는 것.
샤워를 하고 강아지와 함께 침대에서 잠드는 것. 나의 단점아 하큰하고
쓸모없다고 여겨지는 것까지 포용하고 수용할 수 있는 것. (조용한 분위기,
고요하고 정적의 순간과 온전히 나를 위해 쓸수 있는 삶을
지속할 수 있는 하루들.) 지나치게 인색하고 과한 따뜻은
타인에게 주지 않는 것. + 사랑한 뭇 순간.

이 모든 것들이 담긴 하루를
좋아합니다.

내가 좋아하는 하루

침대에 가만히 누워 보고 싶은 영화를 보는 것. 사색에 잠기는 것.
아무것도 하지 않아도 걱정 없는 것. 좋아하는 음악을 듣고 영화를 보는 것.
샤워를 하고 강아지와 함께 침대에서 잠드는 것. 나의 단점과 하찮고
쓸모없다고 여겨지는 것까지 포용하고 사랑할 수 있는 것(조용한 분위기,
고요하고 정적의 순간과 온전히 나를 위해 살 수 있는 삶을
지속할 수 있는 하루들). 적당히 안주하고 과한 피해를
타인에게 주지 않는 것. +시원한 물 한 잔.
이 모든 것들이 담긴 하루를
좋아합니다.

적당히 안주하고 온전히 나를 위해 살 수 있는 삶

태어나길 잘한 순간들

영화 〈태어나길 잘했어〉를 본 적이 있다.
영화를 보고난 후에 내가 태어난 순간보다 주인공의
태어남을 응원해 줬다.
이렇듯 '태어나길 잘한 순간들' 문장을 보고 난
영화제목만 떠오를 뿐 나의 삶을 서둘러 말할 수
없다.
요즘에는 '태어나길' 보다는 '태어난김에'가 더
많은 사람들에게 공감받는다.
나 말고도 많은 사람들이 태어난 김에 사는 거겠지.
그럼에도, 태어난 이후로 내 삶에 뿌듯함을 많이
찾지 못해도 즐거움보다 불행이 더 많이 찾아와도
그럼에도, 태어난김에 살아주고 있는 모두가
소중하다. 그러니 나도 소중하다.
그 소중함을 알고 있는 사람으로 태어나서, 잘했다.

- 좋아하는 감독의 영화를 봤을 때
- 맛있는 음식을 먹었을 때
- 내 슬픔을 위로받을 때
- 내 기쁨을 나눌 때
- 바다 수영을 할 때
- 춤을 출 때
- 내 직업에 자부심을 가질 때
- 샤워하며 노래를 부를 때
- 햇빛을 쬘 때
- 거울을 볼 때
- 동생들과 한 방에서 이야기 나눌 때
- 자고 친 반려견이 나에게 폭 안길 때
- 나보다 먼저 떠난 내 소중한 존재들을 기억해줄 때

생각난 김에, 태어난 김에, 마음먹은 김에,
나에게 찾아온 행복을 누리기.

나 챙기는 법

내 마음을 솔직하게 마주하여, 나의 감정과 기분을 받아들인다.
내가 지금 몰입되어 있는 게 무엇인지, 해줘야할 것들이 무엇인지
천천히 생각해보고 식물에 물을 주듯 천천히 나에게 채워넣는다.
그게 남과 함께 하는 시간일 수도, 혼자 가만히 있는 시간일 수도,
맛있는 음식 또는 따뜻한 차 한 잔일수도 있고 그저-
알아만 줘도 되는 걸 수도 있다. 그러니 잘 생각해
본 뒤 나에게 조금씩, 천천히 채워준다.
그러려면 나부터 나를 가장 관심있게
살펴보고 사랑해줘야
한다.

내가 나를 만난
이유가 있을 테다.

LOVE-TO-DO list

- ♥ 미지근한 물을 마시는 것
- ♥ 그저 산책.
- ♥ 영화보고 곱씹어보기.
- ♥ 카페에 앉아 밖을 내다보기.
- ♥ 길고양이와 눈을 마주치는 것!
- ♥ 미래를 두려워 하지 말자

writeyolife.

하고 싶은 것만 하면 어때.
하고 싶은 것 하다 보면
하기 싫은 것도 해낼 수 있더라.

30살이 되었을때, 마냥 슬펐다.
앞자리 숫자 하나 바뀌었다고. 지금까지 1살에서
10살, 10살에서 20살 때는 슬퍼하는 감정은 떠올리지 않고
마냥 즐겁고 특별했는데 말이다. 시간이 이렇게 간사하다 라는 걸
한번더 느끼는 작년이었다. 그런 슬픔과 함께 조급함이라는 감정이
자라났다. 무엇인가 이뤄냈어야만 했을것 같고, 앞으로 시간이 얼마 남지않았다.
시간은 "~ 니까지 나에게 그렇게 많지 않았거든. 나 자신에게 너무 몰아 붙여서
괜찮대 너가 시작하라고 했었다.
근데 난 31가 되었다. 위에 쓴 글처럼 여전히 슬프냐고? 아니. 그렇지않다.
30대의 내가 아직도 뭔가 다시 시작해도 시간은 주어진것 같아서.
연애도 익어가듯이 한창 예쁜 연애도 알고있는 나와는 연애가
오래 깊어간다고 그렇게 자라가는 모습을. 남들에게 행복한
모습이다. 그렇게 늙어가나보다, 긍정적인 나도.
고맙다, 과거의 내가 그리고 미래의 내가.   @nado_nung
                                      - 하은

이제는

공장장인 나로

바뀌었다고.

24. 04. 20 (토) - 진취적이고, 독립적인 사람으로 거듭나길... 두려워 하지 말길...

느린 글씨로 위든 적어보세요

마음 두때안 닫혔던 공간에 왔다. 세상이 너무나 빠르게 돌아가는 것 같아서 싫었다.
약약 쪼임 즉 무엇을, 해야 하나 항 고민이 많아지는 시기이다. "취업" 이게 뭐라고 자꾸 밤에
자기 전 내 마음을 힘들게 하는지... 참, 두가 멋지고, 번듯한 사람으로 타인에게 인정받는 일을 하며
살아가고 싶은데 그게 뭐먹가... 우리는 타인의 시선을 신경쓰지 않아야겠다고 생각하면서 타인이 보는
'나' 에 대해 많은 생각을 해서 정작한 나 자신이 무엇을 원하는지 알아가는 것 같다.
세상을 이겨냈다가도 이 세상이 무섭다가도 마음은 이러저리 많이 요동친다. 그냥 나는 내가 잠여지지
않아도 되는 삶에 처명하여 삶의 안목있으면 하는 바람이다. 그게 참 나를 힘들게 하는 삶
인것같다. 조용은 일이 다즉, 내가 잠여지지 않아도 되는 상명을, 안는 실적 약각...)
요즘... 그냥 뭔가 이유없이 많이 힘들다. 특히, 잠자기 전에 더 심각해 때문에... ㅠㅠ
죽으면서 살았다. 경쟁따른 싫은 당이만 경쟁과 불안당이 산고밥다. 정신적 독립, 경제적 독립을
정말로 하는 나는 "취업" 하자. 나쁜 것에서 벗어나 나의 꿈만을 총해 나는 사람이고 싶다...

시간이 너무나 빠르게 흘러가는 것 같아서 싫다. 대학 졸업 후 무엇을 해야 하나 참 고민이 많아지는 시기이다. '취업' 이게 뭐라고 자꾸 밤에 자기 전 내 마음을 힘들게 하는지…. 우리는 타인의 시선을 신경 쓰지 말아야겠다고 생각하면서도 타인이 보는 '나'에 대해 많은 생각을 해서 진정한 나 자신이 무엇을 원하는지 잃어가는 것 같다. 세상을 미워했다가도 이 세상이 좋았다가도 마음은 이리저리 많이 움직인다. 그냥 나는 내가 짊어지지 않아도 되는 삶에 치중하여 살지 않았으면 하는 바람이다. 그게 참 나를 힘들게 하는 삶인 것 같았다. 웃으면서 살고 싶다. 걱정 없는 삶은 없지만 걱정과 불안 없이 살고 싶다. 정신적 독립. 경제적 독립을 하자. 나쁜 것에서 벗어나 나의 공간을 통해 나를 사랑하고 싶다….

진정한 나 자신이 무엇을 원하는지 두려워 하질 말길…

푹 쉬고 싶은 때

창문을 닫고,
방문을 닫는다.   계절에 따라
음악 틀어 놓는다. 그리고 기분에 따라 장르가
바뀐다. 그렇다고 해서 기분이 좋아 지거나
내가 편히 쉬고 있다는 안락함을 느끼진 않는다.
방 한칸 작은 공간에 나 하나, 밖에서 일을 하거나
산책을 나가면 주위에 온통 시끄러운 것들 뿐,
조용한 내방 한칸에서 나, 이때 나는
나를 온전히 집중할 수 있다.
어제, 오늘 아니면 몇달전 내가 했었던
행동 말들을 다시 기억하며 나를 반성하고
나를 인정한다.

푹 쉬고 싶을 때

　　　창문을　　　　　　　　닫고,
　　방음을 잡는다.　　　제목에 따라
음악 좋이 듣는다. 그리고 기분에 따라 장르가
바뀐다. 그렇다고 해서 기분이 좋아지거나
내가 쉬어 쉬고 있다는 생각만은 느끼진 않는다.
방 안잔 작은 공간에 나 하나, 밖에서 일을 하거나
산책을 나가면 주위에 돈통 시끄러운 것들 뿐
조용한 내방 한간에서 나, 이때 나는
나를 온전히 집중할 수 있다.
어제, 오늘 다서면 갓말은 내가 했던
행동 말들을 다시 기억하며　　　　나를 반성하고
나를 인정한다.

성영아...
나 방금 내가 낭떠러지 끝에 서있다라고
순간, 기분이 이상해졌어. 과중 떨어져서 죽거나,
아니면 발을 돌리고 절벽으로 등을지고 다시 앞으로걸어가며
나의길을 만들어가는것. 2가지의 답변 앞에, '난 무려고 2번째로
선택이네.' 라고 생각해봤어. 나의친구들 40대 사회적통념상의 40대의
성취적, 위치, 돈, 명예, 관계 등 그 어떤 약함도 어떤 카테고리에도
굳이 나를 넣자면 난 하위권일것 같아. 그럼에도 절벽에서 뛰어 내리고
싶지 않은건, 나를 나로써 바라보는, 바라봐주는 사람이 내게있구나.
누가 뭐라해도 내가 나를 응원하는 힘이 남아있구나. 나의 삶을 나의
방식으로 살아내보고 싶구나 하는 꿈이 있구나. 라견 고민을 끌어내며
발견했어. 오늘은 이걸 나의 마음을 알아서 괜찮아. 라고 말하고 싶어.
이 마음가짐, 내일 내가 필요할 곳에 이력서도 내보자.
오늘 솔직한 일기 다시 써보고,

성영아, 사랑해
24.05.12

내가 나를 응원하는 힘이 남아있구나.

요즘 나의 속도는?

속하해 주세요.

최근 제 인생 첫 인턴에 합격했거든요.
가동을 중단했던 설렘이 다시 움직이기 시작한 것 같아요.
새로이 뭔가를 시작한다는 기쁨에 급하게 가동을
시작한 탓일까요. 이 두거림이 불안할 정도로 빠르게
느껴집니다. 속도에 적응할 시간이 필요한 것이겠죠? 방향은
맞게 달려가고 있는 것이겠죠? 머릿 속에 무수히 떠오르는
질문에 미처 답할 틈도 없이 달려나가는 중입니다. 아무 것도
하지 않은 채 멈춰있던 그 순간에는 멍하니 시간을 보내던
제가 싫었는데, 이젠 방향성에 확신이 들지 않아 불안함이
드나봐요. 마음의 속도와 머리의 속도가 달라 한쪽이
버거움을 느끼나봐요. 제 속도가 부디 가속하지 않길.
이정표는 확인할 수 있는 속도이길. 이 공간에서
빗장들을 늘어 놓으며 잠시 속도를 늦춰봅니다.
내 속도와 타협해 봅니다.

요즘 나의 속도는?

축하해 주세요.
최근 제 인생 첫 인턴에 합격했거든요.
작동을 중단했던 설렘이 다시 움직이기 시작한 것 같아요.
새로이 뭔가를 시작한다는 기쁨에 급하게 작동을
시작한 탓일까요. 이 두근거림이 불안할 정도로 빠르게
느껴집니다. 속도에 적응할 시간이 필요한 것이겠죠? 방향은
맞게 달려가고 있는 것이겠죠? 머릿속에 불쑥 떠오르는
질문에 미처 답할 틈도 없이 달려나가는 중입니다. 아무 것도
하지 않은 채 멈춰있던 그 순간에는 명하니 시간을 보내던
제가 싫었는데, 이젠 방향성에 확신이 들지 않아 불안함이
드나봐요. 마음의 속도와 머리의 속도가 달라 한쪽이
버거움을 느끼나봐요. 제 속도가 부디 가속하질 않길.
이정표는 확인할 수 있는 속도이길. 이 공간에서
발두리를 늘어 놓으며 잠시 속도를 늦춰봅니다.
내 속도만은 타협해 봅니다.

저는 한때 살아 숨쉬는게 싫었던 적이 있습니다. 사람이 싫고 내가 싫어서
들어박혀 시간이 가는 것도 무시하고 가만히 누워 숨만 쉬고 있었습니다.
사군기를 우선하게 보내서 뒤늦게 반항이라도 하고 싶었던 걸까요?
밤이 찾아와도 불을 켜지않고 그저 누워있었습니다. 슬프지도
그렇다고 화가 나지도 않고 그저 무기력하게 한달을 작은 방안에
틀어박혀있었습니다. 그런데 지금은 작은 원룸을 벗어나 시간이 가는것도
계절이 바뀌는 것도 온전히 느끼며 살아가고 있다는 사실이 문득 감사해 지네요.
좋은 날이면 날씨가 좋다는 이유만으로 적당히 대충 행복합니다. 힘든 직장생활 끝에 한강을 따라서
이어폰을 꽂고 걸으면 대충 행복합니다. 인스타 피드를 내리다 우연히 마주친 이 공간에서 이렇게
생각을 정리라고 써내려가는 것이 행복합니다. 행복이라는 것은 거창한 것이 아니고, 그렇다고 대단한 것도
아니며 작고 사소한 것이라고 생각할 수 있게 된 저의 성장에 문득 감사합니다. 우울한 마음에 써버려간 유서를
읽으셨음에도 묵묵히 밝게 저를 대해준 엄마에게도 뒤늦게 문득 감사하네요. 항상 좋은 날이 올거라고 말해주던
아빠에게도. 귀엽다고 하던 저를 꺼내어 계절을 느끼게 해주던 친구들에게도. 이렇게 쓰다보니 저의 성장은
저 혼자 이뤄낸것이 아니라 주변 사람들이 이루게 해준 것이 없네요. 그런데 문득 감사해지는 순간입니다.
그리고 문득 고개를 돌아본 하늘이 정말 노을빛으로 물들어가는 것도 참 행복하고 감사하네요. 감사한 것들이 아직 많다니.

작은 원룸에

문득 감사한 것들

요즘은 날씨가

문득 감사한 것들

저는 한때 살아 숨쉬는 게 싫었던 적이 있습니다. 사람이 싫고, 내가 싫어서 작은 원룸에 틀어박혀 시간이 가는 것도 무시하고 가만히 누워 숨만 쉬었습니다. 사춘기를 무난하게 보내어 뒤늦게 반항이라도 하고 싶었던 걸까요? 밤이 찾아와도 불을 켜지 않고 그저 누워 있었습니다. 슬프지도, 그렇다고 화가 나지도 않고, 그저 무기력하게 한 달을 작은 방 안에 틀어박혀 있었습니다. 그런데 지금은 작은 원룸을 벗어나 시간이 가는 것도, 계절이 바뀌는 것도 온전히 느끼며 살아가고 있다는 사실이 문득 감사해지네요. 요즘은 날씨가 좋은 날이면, 날씨가 좋다는 이유만으로 적당히 대충 행복합니다. 힘든 직장 생활 끝에 한강을 따라서 이어폰을 꽂고 걸으면 대충 행복합니다. 인스타 피드를 내리다 우연히 마주친 이 공간에서 이렇게 생각을 정리하고 써 내려가는 것이 행복합니다. 행복이라는 것은 거창한 것이 아니고, 그렇다고 대단한 것도 아니며, 작고 사소한 것이라고 생각할 수 있게 된 저의 성장에 문득 감사합니다. 우울한 마음에 써 내려간 유서를 읽으셨음에도 모른 척 밝게 저를 대해 준 엄마에게도 뒤늦게 감사하네요. 항상 좋은 날이 올거라고 말해주던 아빠에게도, 귀찮다고 하던 저를 꺼내어 계절을 느끼게 해주던 친구들에게도요. 이렇게 쓰다 보니 저의 성장은 저 혼자 이뤄낸 것이 아니라, 주변 사람들이 이루게 해준 것이었네요. 그점에도 감사해지는 순간입니다. 그리고 문득 고개를 들어 본 하늘이 점점 노을빛으로 물들어가는 것도 참 행복하고 감사하네요. 감사할 것들이 이리 많다니.

그저 적당히 대충 행복합니다.

자랑하고 싶었던 일

12년의 회사생활을

마무리하고 <나의 시간>을 돌려받게 된 첫 날이다. 그 대가로 월급은 잃었지만, 많이 불안할 줄 알았는데 의외로 불안하거나 초조하지 않고 나의 시간을 어떻게 채우고 보낼지 상상하며 하루를 보내고 있다. 시간이 너무 많아서 감당하지 못했던 20대 초반에는 빨리 시간이 가버렸으면 좋겠다고 생각했었다. 그때는 내 시간의 소중함을 전혀 몰랐다. 아주 오랜만에 내 시간을 온전히 돌려받는 기분, 이 시간을 하고 싶은 일, 좋아하는 것들로 가득 채우고 내년 그 다음에는 어떤 시간이 나를 기다리고 있을까 시간은 계속 흐르고 나는 그 시간 속에서 계속 변한다. 그래서 시간은 다시 바뀌고 전과는 다른 흐름으로 나아간다. 끊임없이 나를 둘러싼 시간과 공간과 세상이 유동한다. 그 물결 위에서 나는 흐른다.

12년 만에 나의 시간을 돌려받은 기분은 어떨까?

의외로 불안하거나 초조하지 않고

1. 집중을 잘못합니다. 나에게 집중하는 시간이되었으면 합니다

2. NO라고 말을 못합니다. 나에게 좀더 솔직해지기로 합니다-

3. 슈퍼에서 방문한 리미팅급. 슬픔도 잠깐 적어보겠습니다.

4. 27살에 입학한 전문대 불안합니다

5. 관계를 맺기 힘듭니다. 내속도로 다른 사람을 이해해 보자 합니다.

6. 말을 잘못합니다. 글로 내 생각을 정리해 봅니다

7. 당신의 솔직함이 부럽습니다.
　　저 또한 과대포장하지 않고 살아가기로 합니다.

나그네.

제가 원래 이런 사람이 아닌데..
여기 앉아서 창밖을 바라보고 있으니까
지나가는 사람들이 사랑스러워요.
한명 한명 보듬고 싶고 수고했다고
말해주고 싶어요. 하늘에 있는 신이 인간을
볼때 이런 기분일까요? 제가 신이란 건
아니고요.. 적당한 높이에서 걸어가는 사람들
걸음걸이랑 표정, 그런것들을 보고있자니
그런 생각. 아니 마음이 듭니다. 정말 다들
사랑스럽네요. 저 사람들의 삶이 사랑으로
가득 찼으면 좋겠어요.
아름다운 음악과 공간. 그리고 시간. 감사합니다.

나그네.

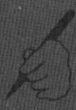

제가 원래 이런 사람이 아닌데..
여기 앉아서 창밖을 바라보고 있으니까
지나가는 사람들이 사랑스러워요.
한명 한명 붙들고 싶고 수고했다고
말해주고 싶어요. 하늘에 있는 신이 인간들
볼때 이런 기분일까요? 제가 신이란 건
아니고.. 정당한 곳에서 걸어가는 사람들
걸음걸이와 표정, 그런것들을 보고있자니
그런 생각, 아니 마음이 듭니다. 정말 다들
사랑스럽네요. 저 사람들의 삶이 사랑으로
가득찼으면 좋겠어요.
아름다운 음악과 공간, 그리고 시간 감사합니다.

자주
멈춰 서는
사람

나는 참 쉽게 멈춰버리는 인간이다.
일하다 집중이 흐트러져 멈추고,
날씨가 좋다는 이유로 바닥에 털썩 주저앉아 쉬어버리는
오늘의 일을 쉽게 내일로 미루는 나약한 인간.

멈추는 순간 도태된다고 어디선가 재촉하는 것만 같아
자꾸만 나를 채찍질한다.
일어나라고, 계속 걷고 뛰라고.

계속 힘을 내서 나아갈 수 없는 사람도 있다.
확신이 없어 수시로 주저앉아야만 하는 사람도 있다.
세상에는 이런 이상한 사람도 있다고 말해주고 싶다.
인생을 마라톤이 아닌 산책처럼 사는 사람도 있다고.
목적지에 도착하는 것보단
나만의 속도로 움직이고 멈추는 일을 더 중요하게 생각하는 사람.

지친다면 그냥 주저앉아 있자.
그렇게 아낀 힘으로 또 일어나 천천히 걸으면 되지.

즐거운 산책을 위해서는 한 가지 규칙이 있을 뿐이다.
빨리 가라고 재촉하는 타인의 말에 귀 기울이지 않는 것.

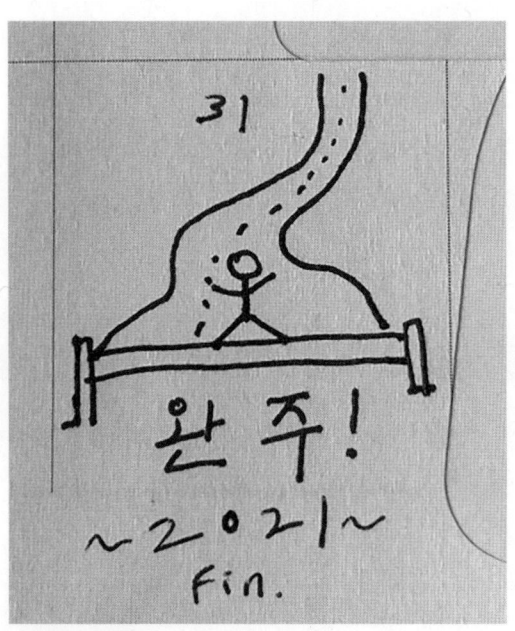

걷다가 달리다가

또 어느 날엔 주저앉아 며칠을 보내다가,

결국엔 천천히 일어나

나의 보폭으로 지나온 시간들.

4월 3일

한 달 넘게 키는 식물이
원래 더디게 자라는 종인걸 알고부터는
매일 같은 크기 같은 모습으로 있는게
대견하게 느껴진다.

물은 꼬박꼬박 주고 빛이 잘 드는 곳에
가두면 으레 늘이 자라겠거니
나도 모르게 성장을 기대하고 있던 것이다.

빨리 자라는 것보다 중요한건
시들지 않고 그냥 살아있는게 아닐까.
생기를 유지하는 것 만으로도
대단한 일이고 엄청난 노력이다.
자라는게 더디더라도 괜찮으니
나도 생기만큼은 잃지 않는 사람이고 싶다.

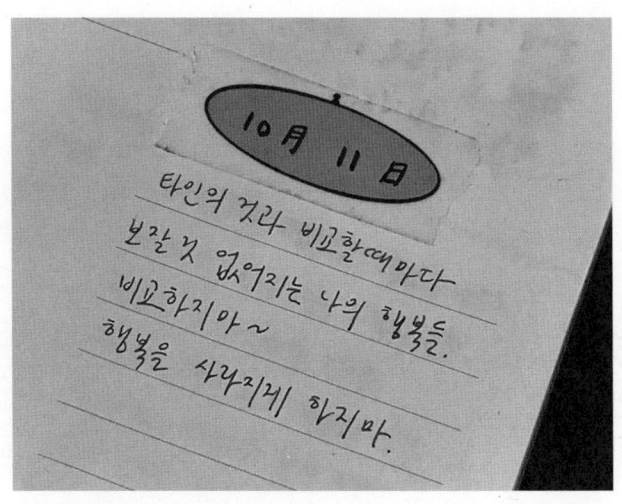

문득 행복은 지문 같은 게 아닐까 생각한다.
남의 지문을 보고
내 지문은 왜 이렇게 생겼는지 비교하지 않듯
나만의 결이 있을 뿐
남과 나의 행복은 다른 게 당연하다.

삶은 남들에게 이해받으려고 사는 게 아니니까
내가 원하는 가장 나다운 삶을 살자.

8장. 시간에 기대어 기록하기

오래전 앨범을 들여다보면
금세 추억 여행하는 나를 발견하곤 한다.
사진과 영상에 담기지 않는 게 하나 있다면
그건 내 마음 상태 아닐까.
사진에도 찍히지 않는 내 생각과 감정은
오롯이 글로 써야만 기억할 수 있다.

12월의 마음과 1월의 마음이 다르듯
시간 앞에서 우리는 가장 다채롭다.

머릿속이 어지러울 때면
내가 365일 중 며칠째에 와 있나 헤아려본다.
1년의 시작과 중간, 끄트머리에서
각자의 이정표를 찾아가는 사람들의 이야기가 궁금해졌다.

4차.
나의 다짐은?

정말 웃기다는 생각했습니다. 4월인데 '다짐'을 말하라고 하다니? 다짐은 자고로 새해, 1월에 얘기해야 하는 거 아닌가? 그런데 한 번 더 생각하니 4월에도 다짐이 필요한 것 같습니다. 아무래도 제가 회원님 같다가 딱히 사랑들이 뱉어 놓은 글을 봐서 그런 것 같아요. 많은 사람들이 사랑에 대해 말하고 있더라고요? 참나.. 사랑 그깟 거 그게 모라구... 뭐라 놀이 나오는 걸까요? 사랑하는 사람인데 사랑을 원하는 사람도 있고 자기 자신의 사랑을 원하는 사람도 있고 세상을 사랑으로 가득 채워보려는 사람도 있고, 이 레이팅 공은 사랑하는 사람도 있고요! 그래서 저도 결심했습니다. 4월의 다짐은 "사랑하기" 입니다. 4월요... 저 눈까풀은 너무 사랑하고 싶어요. 너무 오래 바라봤는데 아직도 아무 일이 없었어요. 그게... 4월이 10일 정도 남은 지금 사랑이 이루어질 수 있을까요? 하지만.. 다짐이란 꼭 안 이루어져야 또 맛이 있잖아요? 이루어지든 안 이루어지든 사랑에 대한 감각을 예민하게 깨우며 10일 동안 노력해봐야겠어요. 와.. 정말 웃겨요. 누가 4월에 사랑을 다짐할까요? 그게 저네요... 웃기는 일입니다. 이 웃기는 일을 열심히 하고 싶은 것도 웃겨요. 다음에 4월이 지나서 온다면 그때, 4월의 저 다짐이 이루어졌는지 말씀드리고 싶네요. 아 덕분에 4월이, 올해가 기대됩니다. 감사합니다!

4월 나의 다짐은?

조금 웃기다고 생각했습니다. 4월인데 '다짐'을 말하라고 하다니? 다짐은 자고로 새해, 1월에 얘기해야 하는 거 아닌가? 그런데 한 번 더 생각하니 4월에도 다짐이 필요한 것 같습니다. 아무래도 제가 화장실 갔다가 입구에 사람들이 남겨놓은 글을 봐서 그런 것 같아요. 많은 사람들이 사랑에 대해 말하고 있더라고요? 참나, 사랑 그깟 게 뭐라고… 뭐라고 눈물이 나오는 걸까요? 사랑하는 사람에게 사랑을 원하는 사람도 있고, 자기 자신의 사랑을 원하는 사람도 있고, 세상을 사랑으로 가득 채워보려는 사람도 있네요. 그래서 저도 정했습니다. 4월의 다짐은 '사랑하기'입니다. 사실요, 저 누군가를 너무 사랑하고 싶어요. 오래 바라왔는데 아직도 이루어지지 않았어요. 그게 4월이 10일 정도 남은 지금 시점에 이루어질 수 있을까요? 하지만 다짐이란 것이 안 이루어져야 또 맛인 거잖아요? 이루어지든 안 이루어지든 사랑에 대한 감각을 예민하게 깨우며 10일 동안 노력해봐야겠어요. 와, 정말 웃겨요. 누가 4월에 사랑을 다짐할까요? 그게 저라니 웃기는 일입니다. 이 웃기는 일을 성사시키고 싶은 것도 웃겨요. 다음에 4월이 지나서 온다면 그때, 4월의 제 다짐이 이루어졌는지 말씀드리고 싶네요. 아, 덕분에 4월이, 올해가 기대됩니다. 감사합니다!

> 저 누군가를 너무 사랑하고 싶어요.
> 누가 4월에 사랑을 다짐할까요?

오늘 하루는 어떠셨나요. 평범하게 지나가던가요? 한층만 내쉬며 무지로 잘 버텨셨나요? 느렸던 감정이 무엇이든 오늘 하루를 이겨내고, 살아있는 당신에게 수고 했다는 말을 건네고 싶어요. 끝임없는 인생 과제 속에서

한 시름 덜어내면 또 다른 무언가가
라이팅층까지 따라서 내면의 여려움을
두드려 준다는 것 자체가 얼마나 무의미
살아가면서 체력장과 압박이 초래하고
무언가를 읽어도, 때론 맡기도 합니다.
참 많은 경우에서 존재해요. 하나하나
방방이깊지만 그 많은 짐들을 품고

2025년을 앞둔

2024년의 우리에게 ♡♡♡

존재라고, 여유 찾기도 어렵네요. 그럼에도
아직하고 자신의 아픔을 아래해주고
한가요? 정말 멋있습니다!
둘, 셋이 존재하는 듯이 우리는
만남에서도, 헤어짐을 앞두고도,
돌아가며 애를 쓰는멋도 하나의
"의지로" 이겨내서 있었으면 해요.

-지은이-

힘들면 야, 나 너무 힘들다 티쳐도 보고 중은 말이면 세상에 이런 말도 오다니! 크게 웃어도 보고
있는 그대로 여러분을 드러내어 세상 속에 녹아드셨으면 해요. 늘로 것이 참 쉬워보이지만 제가
지런 방식대로 사려고 노력하기에 너무 어렵다는 것 잘 알고 있습니다. 모든 사람들이 우리를 너그럽게
이해해주지 못하더라도 라이팅층을 방문하는, 방문했던, 방문 할 우리 인용은 서로를 안아겠읍 합니다.
큰 행복이 찾아오 좋지만, 작은 무언가들 더 행복해하며 그럭저럭 괜찮은 삶을 이뤄가기를 제가 응원할게요
건강하세요. 행복하세요. 모든이 생각대로 되지 않더라도 우리에게 내일은 있어요. 하루하루 더 나은 날이 덮쳐지길요

2025년을 앞둔 2024년의 우리에게

오늘 하루는 어떠셨나요? 평범하게 지나가던가요? 한숨만 내쉬며 억지로 잘 버티셨나요? 느꼈던 감정이 무엇이든 오늘 하루를 이겨내고 살아 있는 당신에게 수고했다는 말을 건네고 싶어요. 끊임없는 인생 과제 속에서 한시름 덜어내면 또 다른 무언가가 존재하고, 여유 찾기도 어렵네요. 그럼에도 내면의 여러분을 마주하고 자신의 마음을 이해해주고 두드려준다는 것 자체가 얼마나 유의미한가요? 정말 멋있습니다! 살아가면서 헤어짐과 만남이 존재하고 득과 실이 존재하듯이, 우리는 무언가를 잃기도 때론 얻기도 합니다. 만남에서도, 취업을 앞두고도, 참 많은 경우에 존재해요. 하나하나 품어가며 애를 쓰는 것도 하나의 방법이겠지만 그 많은 짐들을 품고 '억지로' 이겨내지 않았으면 해요. 힘들면 "야, 나 너무 힘들다!" 외쳐도 보고 좋은 날이면 "세상에 이런 날도 오다니!" 크게 웃어도 보고, 있는 그대로 여러분을 드러내며 세상 속에 녹아드셨으면 해요. 글로 적으니 참 쉬워 보이지만 제가 저런 방식대로 살려고 노력하기에 너무 어렵다는 것 잘 알고 있습니다. 모든 사람들이 우리를 너그럽게 이해해주지 못하더라도 우리만큼은 서로를 안아주었음 합니다. 큰 행복이 잦아도 좋지만, 작은 무언가를 더 행복해하며 그럭저럭 괜찮은 삶을 마주하기를 응원할게요.

보이지 않는 누군가를
글로 안아주는 사람.

2024년은 어쩌면 너무 어렵고도 복잡하여 힘든 한 해였을지도 모르겠습니다. 소중한 사람들을 떠나보내며 아이러니하게도 소중한 사람들을 만나게 되는, 다시 한번 돌아보게 하는 그런 한 해였지요. 소중한 마음이 사라지게 두었다가, 다시 돌려 보내는 그런 알 수 없는 해였습니다. 2024에게 고마운 것이 있다면 사랑을 한번 더 믿을 수 있게 해주고, 그 안에서 다정함을 느낄 수 있도록 해준 것이 아닐까 합니다. 고마운 것은 어째서 이토록 떠올리기가 어려운 것일까요. 분명 많은 일들이 있겠고, 그 안에 고마운 것들이 더 많았을 텐데도 갑자기 떠올려보라 하면 쉬이 떠오르지가 않습니다.

2024 에게

고마운 것

이런 신도를 돌아보도록 해준 2024에
또 다른 감사를 느낍니다.
고마운 마음들과 얼굴들을 떠올려봅니다.
자연스레 울음과 웃음을 잇고 반짝이는
기억들로 빈 기억을 채워봅니다.
이것이 내가 2024에게 고마운 것
중 떠오르는 떼의 마음인 것 같습니다.
그리고 마지막으로
2025를 맞이하게 해준
2024에게 고마움을 전합니다.

2024의
나에게
해주고 싶은
이야기

이 주제를 쓰고 싶어서 이곳에 왔는데
반가운 주제입니다.

    2024는 왜 그런지.. 참 같게느껴졌어 토시? 새로운 환경에 적응하느라 고생많았어. 내가 기대했던거보다 더 좋은 하루들을 이뤄내더라. 2024를 마무리하는 지금 '나는 되게 좋아. 일어나면 환기를 시키고 청소를 하지. 책상이 없어서 다이어리를 쓰고 책을 읽으며 하루를 시작해. 이 루틴을 만들어줘서 고마워. 얼마 전에 학회우수증이랑 학교에서 상도 받았어. 고생했어 너 덕분이다! 몇년간 되게 외로웠거든. 요즘은 정말 하나도 안그래. 내 곁에 누가 와줘서가 아니라 스스로 사랑하고 돌보고 애틋한 마음을 키운 덕분이야. 그동안 차가운 외로움 속에서도 시들지 않고 자라줘서 고마워. 사실 예전의 '나'를 생각했을 때 부끄럽고 지워내고싶어서 소리지르고 싶을 때도 많아. 근데 이렇게 적다보니까 그 창피하고, 수치스럽고 버벅한 일들을 겪고 내가 바뀌었네. 그런 일들을 아직까지 온전히 받아들이고 사랑하긴 아직 내가 부족한 것 같아. 2024를 잘 살아준 '나' 고마워!
    사랑하고, 감사하고, 생각하고, 겸손하며 파이팅!

나를 사랑해.
그럼 인생도
나를 사랑해.

"올해가 정말 많은 것들이 변화된 해네요." 사주를 무지 좋아하는 정말 사랑스러운 지인이 말했다. 그래서인가? 잠재의식 무언가가 계속해서 꿈틀거리고 있는 듯하다. 한동안은 꾸준히 지속될 거라 의심의 여지 없이 믿었던 것들은 하루 아침에 사라졌고, 다시는 돌아갈 수 없다고 의심의 여지 없이 믿었던 것들에도 마음이 움트려고 있다. 나는 너무나 약한 존재였다. 사실 나의 작은 알고 있기는 했다. 새해 소망

 지난해 연말, 누군가 내게 새해 계획이 무어냐 물었을 때 대단했다. "그냥 무탈했으면 좋겠어요." 계획이라기 보다는 소망이었다. 곁에 더 가까운 것. 그래서 나는 그 해 무탈했나? 그렇지 않았을 것이다. 그러나 견뎌내기는 했나보다. 그 해가 몇 년도인지 잘 기억나지 않는 걸 보면. '무탈'은 어쩌면 욕심일지 모른다. 끊임없이 꿈꾸는 사람에게 탈이 나는 건 불가피한 일. 탈 나야할 만큼 탈 나고, 아플 만큼 아파보자. 몇 년이 흐른 어느 날에 희미해진 기억이 되어버린 그 아픈 탈들이 모두 내가 되어, 어김없이 기다리고 있을 새로운 탈을 기쁜 마음으로 맞이할 것이니.

2024. 1. 9. 木

"올해가 정말 많은 것들이 변화될 해래요." 사주를 무지 좋아하는 정말 사랑스러운 지인이 말했다. 그래서인가? 정체 모를 무언가가 계속해서 꿈틀거리고 있는 듯하다. 한동안 은 꾸준히 지속될 거라 의심의 여지 없이 믿었던 것 들은 하루아침 에 사라졌고, 다시는 돌아갈 리 없다고 의심의 여 지 없이 믿었 던 것들에는 마음이 흔들리고 있다. 나는 너무나 **나의 작은** 약한 존재였 다. 사실 알고 있기는 했다. 어느 해 연말, 누군가 **새해 소망** 내게 새해 계 획이 무어냐 물었을 때 대답했다. "그냥 무탈했으 면 좋겠어요." 계획이라기보다는 소망이었다. 꿈에 더 가까운 것. 그래서 나는 그 해 무탈했나? 그렇지 않았을 것이다. 그러나 견뎌내기는 했나 보다. 그해가 몇 년도인지조차 기억나지 않는 걸 보면, '무탈'은 어쩌면 욕심일지 모른다. 끊임없이 꿈꾸는 사람에 게 탈이 나는 건 불가피한 일. 탈 나야 할 만큼 탈 나고, 아플 만큼 아파보자. 몇 년이 흐른 어느 날 에 희미해진 기억이 되어버린 그 아픈 탈들이 모두 내가 되어, 어김없이 기다리고 있을 새로운 탈 을 기쁜 마음으로 맞이할 것이니.

> 끊임없이 꿈꾸는 사람에게 탈이 나는 건
> 불가피한 일.

기대라는 것은 때로 비싸기도, 무겁기도 합니다.
가지고 싶은 것을 가지려는 마음과, 보고 싶은 것을
찾아나서는 마음과, 이해되지 않는 것을 이해해
보려는 마음처럼 투명하고 힘찬 기대도 있습니다.
작은 책상 한 켠 좋아하는 연필과 노트, 고심해
고른 차 한 잔, 초콜릿 한 조각의 여유를 기대
하나요? 활짝 열린 창 밖 맑은 하늘과 뛰어
노는 아이들 웃음소리, 겹쳐 들리는 음악 소리를
기대하나요? 척척 해내는 오늘의 업무와 점심
메뉴를 고르는 신중한 시간을 기대하나요?
따뜻한 이불 속 책 한 권과 겨울 맛이 잘 든
귤 한 바구니, 사랑스런 저녁의 대화를 기대
하나요? 오늘 나의 다짐이 사흘에 그치지 않기를,
어제를 조금이라도 더 오래 기억하기를 기대하나요?

좋아하는 연필과 노트

초콜릿 한 조각의 여유

창 밖 맑은 하늘

아이들 웃음소리

따뜻한 이불 속 귤 한 바구니

2025에게
   기대하는 것

우리는 값 싼 기대들로 부자가 됩시다. 실망이란 대가 없는 홀가분한 기대 합시다. 조금 둔하고 느리게 가고 쌓으며 가고 남기며 가고 같이 가는 것을 기대합니다. 하루 일들을 아쉬워하고 한달 추억을 그리워하고 일년 걱정을 미루다보면 나의 오늘이 한 없이 크기만 합니다. 하루씩 더 사랑하고 약간만 더 다가서고 살짝 더 팔 벌려 안고 싶습니다. 우리의 2025는 제법 가득할 것 같습니다.

우리는 값 싼 기대들로 부자가 됩시다.

<시간>

오후 4시 44분. 회사에 있는 날에 항상 이 시간을 확인한다. 일이 많은 날이어도 시계를 확인해보면 항상 시계는 4시 44분을 가리키고 있었다. 불행을 뜻하는 숫자가 가득한 이 시간이 처음에는 싫었다. 마치 오늘 하루 안좋은 일이 생길 것 같고 불길하게 느껴졌다. 하지만 신기하게도 4시 44분을 확인한 날은 무난하게 하루를 보낸 날들이었다. 어떠한 불행도 어떠한 아픔도 오지 않는 소중한 날들이었다. 요즘은 이 시간을 확인하면 약 1시간 후 퇴근 후에 나만의 시간을 어떻게 채워 나갈지 설렌다. 하루의 끝을 어떻게 마무리 할지 생각할 수 있는 시간이 되었다. 오늘의 하루를 내가 원하는대로 어떻게, 어떤 감정으로 끝낼 수 있는지는 참 기쁜 일인 것 같다. 좋아하는 향을 맡으며 내가 좋아하는 것들로 시간을 채워나갈 수 있다니 얼마나 행복한가. 이런 행복감에 의해 회사에서 어떻게든 4시 44분을 확인하려 한다. 그 시간을 기다리는 행위에 설레어하며 하루하루를 버티며 살아간다.

오후 4시 44분,
무난한 하루임을 확인하는 시간.

안녕하세요. 저는 얼마전에 제 뱃속에 소중한 생명이 자리를 잡았다는 걸 알게 된 n주차 엄마입니다.

아직은 저 스스로를 엄마라고 부르는게 참 이상하고 부끄럽게 느껴지지만, 언제나 폭닥한 따뜻함과 설렘이

차오르는 것을 느낍니다. 엄마가 되고 저의 작은 결심이 있다면 열심히 손으로 쓴 육아일기를 써서

아이에게 선물하고 싶다는 것이에요. 아이가 어떤 거대한 몸 앞에서 무섭고, 막막하다고

느낄때, 또 아무도 자기를 사랑하지 않는다고 상심을 하고 있을 때, 모든 나아갈 힘을

잃었다고 느낄때, 자신이 얼마나 소중한 존재인지, 얼마나 사랑받는 사람인지 깨닫고 기꺼이

다시 나아갈 수 있는 힘을 얻을 수 있도록, 비상식량같은 일기를 차곡차곡 축적해 보려고 합니다.

왜냐면, 제가   엄마의 옛 육아일기를 읽었을때 제 존재의 소중함과 찬란함을

다시   깨달을 수 있었거든요. 엄마의 행복와 응원이 고스란히 담긴

1   일기 속에서 저는 조금씩 자라는 것 만으로도 충분한 아이였어요.

                그 기록이 저에게 참 선물같았습니다. 이렇게 매일의 기록이란

                누구를 행복하게도 하고, 다시 살게도 하고, 사랑하게 하고‥

                우리는 어쩌면 모두 조금씩 자라는 것으로도 충분한 작고 귀여운 존재니까요!

                오늘의 내가, 내일의 나를 다시 힘나게 해주는 선물받는

                기록을 조금씩 남겨보시는 건 어떠세요? 어쩌면 우리는 모두

매일매일 스스로를 어르고 달래며 성실히 키워내는 셀프 육아의 한복판에 있는지도요 ☺

조금씩 자라는 걸로도 충분한

매일매일 스스로를 어르고 달래며 성실히 키워내는 셀프 육아.

5월의
에피소드

"위해?"라는 말이 무서운 요즘입니다. 숨가쁘게 살아온 대학 생활을 마치고, 그 흔한 휴학도 한 번 안 한 채로 졸업과 동시에 취업 준비를 하다, 변절을 보고 복잡한 마음에 이곳으로 처음 선어 딱딱한 구두를 이끌고 왔습니다. 분신 같은 노트북을 집에 두고 종이 한 장과 펜을 들고 앉아있으니, 스스로에게 미안해서 눈물이 나더라고요. 이 곳에 오신 분들은 부디 스스로에게 위로와 응원을 듬뿍 건네고 돌아가셨으면 좋겠습니다. 수십개씩 쓰는 자소서와 탈락 문자에 제 인생을 부정당하는 것 같더라도, 분명 제가 빛나는 부분을 알아주는 곳이 찾아오겠죠? 그 시기가 너무 지치기 전이었으면 좋겠는 바램입니다. 모든 취준생분들, 우리가 짱이니까 기죽지말고 살아가봐요!

거듭 부정당하는 날에도
당신만은 끝까지 스스로를 긍정할 수 있기를.

마음을
리셋하는 날

뭐라도 쓰고 싶어지는 날이 있다.
특히 매월의 1일과 마지막 날.

영원히 흐르는 시간을 열두 달 365일이라는 숫자로 잘라놓고,
다음 달은 다를 거라 소망하는 내가 가끔 우습기도 하지만
사는 게 지겨워질 때쯤 돌아오는 1이라는 숫자를
리셋 버튼 삼아 마음을 새로 먹는다.

1년에 열두 번 정도 마음을 바꿔도 된다는 허락을 받았다고 생각하면
스스로에게 살짝은 너그러워진다.

며칠 있으면 또 1이라는 숫자가 나타나
낙서로 가득한 30일을 빈 페이지로 만들어주겠지.

허술하게라도, 짧게라도, 시간에 기대어
즐겁게 기록할 수 있다면 좋겠다.

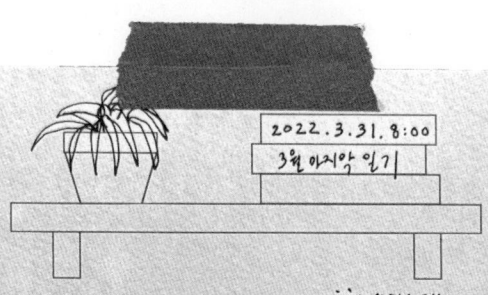

2022. 3. 31. 8:00
3월 아치막 일기

· 내일이면 벌써 4월이라는 사실에 흠칫 놀랐는데
이번달은 그래도 시간기 묶이지 않고
그렇다고 너무 여유는 부리지도 않는 적당한 속도로 지났다.
하루하루 더 포근해지는 날씨덕에 좋은 기분을 잘 유지
할 수 있었던 것 같기도 하고.

요즘엔 '좋은 다짐', '좋은 결심'에 대해 많이 생각하곤있다.
너무 잦은 결심은 잦은 자책으로 이어지기도 한다.
이제부터는 지킬수 있는 다짐, 나를 몰아세우지 않는
부드러운 결심을 하고싶다.
어쨌든 결심을 한다는건 내가 필요성을 느꼈기 때문이라는 것.
자연스럽게 떠오르는 마음은 그냥 그대로 받아들이기.
결심했다 포기해도 그리 큰 문제가 되진 않는다.

언젠가 새 다이어리를 사면 마치 새 집으로 이사하는 것 같은데
원래 있던 집도 그대로 있어서
집이 두 채가 된 기분이라고 쓴 적이 있다.
매년 한 권씩 채워내고 나면 부자가 된 듯한 이 기분은
일기가 주는 보너스 아닐까?

매월 마지막 날 저녁에 일기를 쓰면
지나간 시간에 인사하는 기분이 든다.
이런저런 아쉬운 일들과 감정들은 페이지를 넘기며 잊어버리고,
뿌듯하고 좋았던 일들은 한 번 더 곱씹으며 매듭을 짓는다.
비슷한 날들에 질릴 때쯤엔
우리 앞에 1이라는 반가운 숫자가 도착한다.

지쳤다면 처음부터 다시 시작해도 되고,
즐기는 중이라면 그대로 쭉 가면 될 일.
지난 시간은 안녕.

내일은 1일이다.

Epilogue.

세상의 소음이
당신의 마음을 뒤흔들 때

to. 책의 마지막 페이지를 읽고 있는 당신에게

라이팅룸에서 태어난 글들이
이제 당신의 손안에 있습니다.

우리는 각자의 방식으로 살아갑니다.
각자의 속도로 걷고, 각자의 언어로 말하고, 각자의 방식으로 사랑합니다.

하나도 같은 모양일 수 없는 우리에게 공통점이 있다면
우리 모두 자신만의 이야기가 있다는 것이겠죠.

이 책에 담긴 글들이 당신에게 어떤 울림을 주었을지 아직은 알 수 없지만,
힘들 때 언제든 펜을 들 수 있다는 용기를 주었기 바랍니다.

세상의 소음이 당신의 마음을 뒤흔들 때,
잠시 멈추어 종이 앞에 앉아보세요.
그리고 오직 당신만이 쓸 수 있는 이야기를 시작하세요.

이 책을 통해 만들어진 또 하나의 라이팅룸,
당신의 마음속 작은 방 역시
매일 같은 자리에서 당신을 기다리고 있을 겁니다.

종이 위에서 울고 웃기

2025년 6월 25일 초판 1쇄 발행

지은이 송예원

펴낸이 김은경
편집 권정희, 한지원, 한혜인
마케팅 김사룡, 박선영, 김예은
디자인 황주미
경영지원 이연정
펴낸곳 ㈜북스톤
주소 서울특별시 성동구 성수이로7길 30, 2층
대표전화 02-6463-7000
팩스 02-6499-1706
이메일 info@book-stone.co.kr
출판등록 2015년 1월 2일 제 2018-000078호

ⓒ 송예원
(저작권자와 맺은 특약에 따라 검인을 생략합니다)

ISBN 979-11-93063-96-5 (03800)

- 이 책은 저작권법에 따라 보호받는 저작물이므로 무단전재와 무단복제를 금지하며, 이 책 내용의 전부 또는 일부를 이용하려면 반드시 저작권자와 북스톤의 서면 동의를 받아야 합니다.
- 책값은 뒤표지에 있습니다.
- 잘못된 책은 구입처에서 바꿔드립니다.

북스톤은 세상에 오래 남는 책을 만들고자 합니다. 이에 동참을 원하는 독자 여러분의 아이디어와 원고를 기다리고 있습니다. 책으로 엮기를 원하는 기획이나 원고가 있으신 분은 연락처와 함께 이메일 info@book-stone.co.kr로 보내주세요. 돌에 새기듯, 오래 남는 지혜를 전하는 데 힘쓰겠습니다.